Daniel Herbst

ICH OHNE MICH

Wir sind Veröffentlichungen
des Unsagbaren.

www.daniel-herbst.de
info@daniel-herbst.de

Umschlaggestaltung + Bilder: *Asta*art
Coverfoto: fotolia.com

Herstellung und Verlag:
Books on Demand GmbH, Norderstedt
ISBN 978-3-8370-5378-4

Inhaltsverzeichnis

Teil I

Teil II

Teil III

Wir sind Veröffentlichungen des Unsagbaren

Ich bin eine Veröffentlichung. Jeder ist das. Wenn etwas veröffentlicht worden ist, gehört es dem Urheber nicht mehr alleine. Dann fängt es an, ein Eigenleben zu führen. Es kann in Augenschein genommen und interpretiert werden.
So ist das bei jedem von uns gewesen: Wie aus dem Nichts sind wir aufgetaucht. Plötzlich waren wir da. Wir waren, ohne zu wissen, dass wir sind. Jetzt wissen wir, dass wir sind, aber ohne zu wissen, wer wir sind. Etwas in uns geht weit über das uns bekannte Gefühl „Ich zu sein“ hinaus. Etwas in uns ist zutiefst mit dem Kosmos verbunden (geblieben).
Wenn ich wirklich erkenne, dass ich ein veröffentlichtes Wesen bin, komme ich aus dem Staunen nicht mehr heraus. Dann offenbart sich mir, dass ich einen Hinweis auf den Ursprung in mir trage. Alles weist auf den Ursprung hin. Das, was existiert, ist herausgetreten, um sich zu zeigen. So wie du, so wie ich. Wir sind veröffentlichte Phasen des unsagbaren Einen. Aber das ist nicht, was wir erleben. Nachdem wir in die Existenz getreten sind, hat sich in uns die Überzeugung durchgesetzt, dass wir eigenständige und für uns selbst verantwortliche Wesen sind. Aber ist das wirklich so?

Das Kreative kann auf Ablehnung stoßen

Jede Veröffentlichung fängt früher oder später an, ein Eigenleben zu führen. Wenn ein Komponist eine Komposition zu Papier gebracht und sie anderen dargeboten hat, hat er nicht mehr die volle Kontrolle über sein Werk. Obwohl die Komposition für immer mit seinem Schöpfer verbunden bleibt, hat er es nicht in der Hand, wie andere sein Werk interpretieren und verstehen. Selbst das göttlichste Werk kann missverstanden werden und auf Ablehnung stoßen!
Was Beethoven, während er komponierte, dachte, was er mit seinen Kompositionen beabsichtigte und welche Bilder und Inspirationen sich ihm während des Schaffensprozesses zeigten, weiß er allein.
Was wir empfinden, während wir Beethoven hören, ist etwas anderes. Wir hören ein Werk, das sich bereits verselbstständigt hat. Wir können Beethovens Neunte auch dann genießen, wenn wir nichts von Beethoven wissen. Sein Werk steht für sich alleine und geht weit über ihn hinaus.

Das eigene Leben ist Teil der göttlichen Komposition

Wenn wir uns ganz auf ein von großer Geisteskraft inspiriertes Werk einlassen, eröffnen sich uns Räume, die weit über alles hinaus gehen, was wir in unserem Leben begreifen können. – Dann hören wir die Musik! Dann führt sie uns zu ihrer Quelle und wie aus dem Nichts wird offensichtlich, dass auch das eigene Leben zur göttlichen Komposition dazugehört. Dasselbe kann geschehen, wenn wir uns etwas scheinbar vollkommen Unbedeutendes anschauen, etwa ein Gänseblümchen oder ein fallendes Blatt. In dem Augenblick, in dem das scheinbar bedeutungslose Bedeutung gewinnt, sind wir von der wahren Inspiration umgeben und mit ihr in „Kontakt". Dann kann sich selbst in einer Betonwand eine Tür zum Göttlichen hin auftun. Durch diese Tür finden wir zu uns selbst zurück.

Früher oder später werden wir alles vor uns ausgebreitet finden. Dann verliert das eigenbildete Ich-Zentrum die Kontrolle und erkennt sich als Ausdruck des kosmischen Ganzen. Dann schwingt sich das „Ich der Person" auf die Melodie ein, die durch uns gespielt werden will. Welche das ist, werden wir niemals mit Sicherheit wissen.

Je tiefer wir uns auf das Hinhören einlassen, umso öfter werden wir vergessen, vorschnell dazwischen zu treten. Sprachlosigkeit macht sich breit. Was für eine Intelligenz ist da am Werk! Was für eine Schönheit!

Die Aufgabe

Nur die Angst will uns davor bewahren, das zuzulassen, was sich in uns durchsetzen will. Schließlich weiß niemand, wer wir sein werden, wenn wir uns nicht mehr zurückhalten lassen.

Um sich entfalten zu können, braucht die kosmische Melodie den Raum unseres Lebens. Sie will sich uns von innen heraus erschließen – als unmittelbare Erfahrung. Und das kann sie nur, wenn wir bereit sind, uns von ihr erfüllen zu lassen. Statt vom ewigen Sonnenschein zu träumen und davon, dass uns alles gelingen wird, wartet die Gewissheit auf uns, dass unser Leben nicht vergeblich ist.

Kein Leben ist vergeblich – kein Leben und kein Tag. Die vergeblichen Tage sind nur dazu da, uns auf die vielen vergeblichen Gedanken hinzuweisen. Sie wollen aufgegeben werden. Das ist die Aufgabe! Eine andere Aufgabe gibt es nicht.

Jenseits der Schatten

Spätestens jetzt wird klar: Das, was veröffentlicht und dargestellt werden kann, ist nicht, wer ich bin. Im besten Fall weist die Veröffentlichung klar und deutlich auf ihre Quelle hin. Wenn ich genauer hinschaue, erkenne ich, dass ich in dreifacher Hinsicht veröffentlicht bin:

1. Ursprünglich war ich eine göttliche Veröffentlichung. Und weil ich es war, bin ich es immer noch, auch wenn ich nichts mehr davon weiß.
2. Da ein Teil der göttlichen Veröffentlichung auf Ablehnung gestoßen ist, hat sich in mir die Idee verfestigt, dass ich „als Ganzes" unzumutbar bin. Heute veröffentliche ich nur noch Teile von mir selbst. Ich bin zu einer Person geworden. Das Kennzeichen einer Person ist, dass sie sich selbst zensiert und nur noch unvollständig veröffentlicht. Dieser Prozess wird von jedem Menschen durchlaufen. Er gibt ihm das Gefühl, sich wehren und abgrenzen zu können. Er verleiht ihm eingebildete Kontrolle und die Illusion, selbst Autor seines Lebens zu sein. Die personale Phase hat einen Anfang und ein Ende.
3. Nach dem Ende der personalen Inszenierung werde ich mir selbst zugänglich (gemacht). Das geht mit der Veröffentlichung meiner Schattenseiten einher. Ich sehe, was ich bisher nicht sehen wollte und lasse zu, dass es sich zeigt. Ich sehe es mir an und erkenne, dass ich es nicht mehr zurückweisen kann. Ich sehe das, was sich in mir spielt, frei von Scham und lasse es so sein, wie es sich gerade zeigt. Ich muss nicht länger das Kind spielen, dass sich nach der Liebe der Mutter sehnt. Mein Wert wird nicht mehr von mir oder von anderen bestimmt. Mein Dasein offenbart sich mir als der Wert an sich.

In dem Augenblick, in dem ich erkenne, dass ich ein Ausdruck des Göttlichen bin, verliere ich das Interesse daran, mich als Person zu kultivieren. Das befreit mich von der Vorstellung, mich für mein bloßes Vorhandensein zu schämen oder stolz auf mich zu sein. Ich erkenne, dass alle meine Gefühle und Empfindungen Teil der Veröffentlichung sind, die mir gerade zugänglich gemacht wird. Ich lebe. Ich bin wirklich lebendig. Ich werde niemals abschließend wissen, was das heißt. Deshalb bin ich hier. Zu mir gibt es keine Alternative.

Das, was zwischen uns stattfindet, ist von Bedeutung

Ich bin nicht zwei.
Ich spiegele nicht nur einen Einzelnen.
Ich bin alles und nichts von alledem.
Das zu erkennen, bin ich hier.

Es ist nicht so sehr entscheidend, durch wen etwas passiert. Sehr viel entscheidender ist, *was* passiert. Was drückt sich aus? Liebe oder Gleichgültigkeit? Verständnis oder Hass? Lassendes Wohlwollen oder Uniformität?
Immaterielle „Dinge" beherrschen den Raum. George W. Bush ist nicht der böse Mann, den viele von uns in ihm nur allzu gerne sehen. Er ist einfach jemand, durch den sich ein Geist ausdrückt, der nicht imstande ist, sich im anderen wiederzuerkennen. Es sei denn, er ist ein weißer, religiöser Texaner. Und der weiße religiöse Texaner, ihn gibt es auch nicht. Es gibt Kleingeistigkeit, Angst und Strukturen, die nur gelten lassen, was ihnen so ähnlich ist, dass Unterscheidungen erst auf den zweiten Blick auszumachen sind. Der weiße Texaner ist ein Sinnbild, wie eine Rose ein Sinnbild ist.
Eines der beiden Sinnbilder ist ein Symbol für die Liebe und steht für die Schönheit. Das andere steht für Ignoranz und Selbstherrlichkeit. – Nicht ganz. Es kommt auf die Augen des Betrachters an! Der Betrachter entscheidet darüber, was er in den Dingen sieht. Er verleiht ihnen Bedeutung. Die Dinge an sich sind der Sicht des Betrachters auf die Dinge hilflos ausgeliefert. Ein Mitglied des Klu-Klux-Clan wird in einem Texaner automatisch nur einen Weißen sehen, einen tüchtigen und aufrechten Mann mit Gewehr und Gottesfurcht (die Texanerin ist in diesem Sinnbild immer nur die Frau eines Texaners).
Wenn wir uns nichts mehr vormachen (lassen), wird klar, dass wir in erster Linie „geistige Zustände" repräsentieren, die sich mit anderen „geistigen Zuständen" austauschen. Das, was zwischen uns passiert ist das Entscheidende und nicht, wer wir zu sein glauben. Allerdings drückt das, was wir zu sein glauben aus, zu wem wir auf welche Weise in Beziehung treten. Insofern ist Barack Obama die logische Antwort auf George W. Bush. Dass Obama nicht der Messias ist, den die Welt in ihm sehen möchte, wird sehr bald klar werden. Denn die Person Barack Obama verkörpert nur die Sehnsucht nach Verständigung und Frieden. Es gibt wieder die Hoffnung auf ein gleichberechtigtes Miteinander. Dafür wäre ein amerikanischer Präsident

mit afrikanischem Vater ein ideales Sinnbild. Allerdings hat er nicht die Möglichkeiten, diese Sehnsüchte für uns zu realisieren. Es geht immer um die Selbstrealisation.

Wer glaube ich zu sein?

Das von mir an den Tag gelegte Verhalten gibt Aufschluss darüber, wer ich zu sein glaube! Was kommt durch mich zum Ausdruck? Die Art und Weise, wie ich auf die Welt zugehe, stiftet Realität. Durch mein Verhalten trage ich zum Realitätsgeflecht der Welt bei. Es geht nicht darum, mit gutem Beispiel voranzugehen, sondern darum, sich der Tatsache bewusst zu werden, dass wir sehr viel weniger materiell sind, als wir das allgemeinhin annehmen. Unsere Welt gleicht einem feinen Netz, das aus Beziehungen gewebt ist. Das, was zwischen uns stattfindet, gibt Auskunft darüber, wie wir (auf) die Welt sehen und was wir in ihr zu sehen glauben. Wenn mir klargeworden ist, dass mir durch meine Sichtweisen ein unmittelbares Feedback gegeben wird, kann ich aufhören, mich ständig neu zu entwerfen und zu definieren.
Statt alles nur begreifen und dadurch kontrollieren zu wollen, geht es im nächsten Schritt darum, sich dem Erkennen zu öffnen. Erkennen kann nur jemand, der es aushält, sich selbst nicht dingfest machen zu müssen. Wer sich und alles andere nicht mehr dingfest machen muss, ist bereit, auf auswendig gelerntes Wissen zu verzichten. Das aufwendig Gelernte schützt uns davor, uns immer wieder aufs Neue auf das Leben einzulassen. Natürlich kann es überaus sinnvoll sein, Dinge zu benennen – darüber hinaus ist es ungemein praktisch. Aber das, was die Welt „im Kern" zusammenhält und das, was wir wirklich sind, kann nicht benannt werden. Der Zwang, wissen zu wollen, basiert auf der Angst vor dem Leben. Wir wollen uns sicher sein und unser Leben sicher machen. Schließlich ist es angenehm, mit dem Kopf über Wasser zu schwimmen.
Es ist möglich, die Dinge des praktischen Lebens zu regeln und gleichzeitig das Mysterium des Lebens zu erfahren. Das ist kein Widerspruch. Wir sind hier, um die Erfahrung unseres Lebens zu machen. Dazu gehört auch, sich um ganz praktische Dinge zu kümmern. Allerdings können wir uns erst dann wirklich um die praktischen Dinge kümmern, wenn wir dem Mysterium des Lebens nicht mehr ausweichen und ihm nicht mehr gleichgültig gegenüber stehen. Was wir auch tun – immer ist der ganze Mensch gefordert. Der Mensch drückt sich dadurch aus, dass er in Beziehung tritt. Alles, was durch uns getan wird und jeder Augenblick unseres Lebens, ist ein in Beziehung treten.

Schuldig sprechen ist keine Lösung

Es gibt Krankheit, es gibt Brutalität, es gibt Lebensfeindlichkeit. Wer krank oder brutal ist, spielt dabei eine sehr untergeordnete Rolle. Es ist einfach, eine Person schuldig zu sprechen. Sehr viel schwerer ist es, zu erkennen, dass die Verantwortung in einem Beziehungsgeflecht nicht bei einem einzelnen Individuum liegen kann und zu finden ist. Jede Regung ist immer auch ein Ausdruck des Ganzen und so ist das, was wir auf ein Individuum zurückführen möchten und individuell nennen, eine Fixierung. Niemand würde auf die Idee kommen, den Kopf für seine Kopfschmerzen schuldig zu sprechen oder die Bordsteinkante dafür, dass wir über sie gestolpert sind und uns den Arm gebrochen haben. Das Abszess ist Ausdruck einer Entzündung, es hat sie aber nicht verursacht und kann demzufolge auch nicht schuld daran sein.

„Wer hat die Schuld?“, das ist alttestamentarisches Denken. Damit kommen wir nicht näher an uns selbst heran. An uns? An wen? Das ist die Frage, der wir uns in diesem Buch auf vielerlei Weise nähern werden.

Salzpuppen auf dem Weg zum Meer

Eine Puppe aus Salz reiste Tausende von Meilen über Land, bis sie schließlich ans Meer kam.
Sie war fasziniert von dieser seltsamen, sich bewegenden Wassermasse, die ganz anders war als alles, was sie bisher gesehen hatte.
„Wer bist du?“, fragte die Salzpuppe das Meer.
Lächelnd erwiderte es: „Komm herein und sieh selbst.“
Also watete die Puppe in das Meer. Je weiter sie hineinging, desto mehr löste sie sich auf, bis nur noch sehr wenig von ihr übrig war.
Ehe der letzte Rest verging, rief die Puppe verwundert: „Nun weiß ich, wer ich bin!“
(nacherzählt von Anthony de Mello, Jesuitenpater und Geschichtenerzähler, 1931-1987)

Die von Anthony de Mello kurz zusammenfasste Geschichte, die eigentlich von den Wüstenvätern herkommt, ist eine wunderschöne Metapher auf das Leben. Das Meer ist der Anfangs- und Endpunkt eines jeden Lebens. Zunächst einmal tendieren Tendenzen dazu, sich zeigen zu wollen. Sie kristallisieren und entsteigen in Form von Salzpuppen dem Meer. Erst dadurch bekommen die Tendenzen die Möglichkeit sich auszuwirken: Sehnsüchte, Ambitionen und Hoffnungen steigen auf, um sich in verschiedener Form an verschiedenen Formen zu versuchen. Sie wollen das, was ist, mitgestalten. All das geschieht von ganz alleine. Es ist natürlich. Die Probleme tauchen erst auf, wenn ich zu der Überzeugung gelangt bin, dass ich ein vom übrigen Leben getrenntes Individuum bin. Das Gefühl, allein und für mich selbst verantwortlich zu sein, bindet einen großen Teil der Lebenskraft. Statt mich mit allem verbunden und vital zu fühlen, spüre ich immer wieder einen fast unerträglichen Druck. Das ist die psychische Kristallisation. Sie zwingt mich, mich angepasst zu verhalten. Durch Druck komme ich in eine Form, die mir nicht entspricht. Durch diese stark verdichtete Form hindurch kommuniziere ich nach innen und nach außen, also mit mir selbst und mit anderen. Das ist der Ur-Konflikt. Von ihm glaube ich unterdessen, dass er zu mir gehört. Der Ur-Konflikt besteht darin, dass sich mein Leben aufgrund von psychisch-emotionalen Ablagerungen, die ich als Eigeninteressen wahrnehme, immer weiter gegen das Leben abgegrenzt hat.

Die Erwartungen, mit denen wir kurz nachdem wir dem Wasser entstiegen sind, konfrontiert worden sind, haben uns in die Form eines künstlichen Selbst flüchten und zurückziehen lassen. Diese Form des Seins ist uns zur „zweiten Natur" geworden. Die zweite Natur ist die Instanz in uns, die uns vor Angriffen „von außen" und den damit verbundenen Schmerzen schützen soll. Im Laufe der Zeit hat sich dieser Schutzmechanismus verselbstständigt. Heute kontrolliert er uns. Ohne es wirklich bemerkt zu haben, hat sich die zweite Instanz in uns in die Position gebracht, das, was wir wirklich sind, vollständig zu überlagern. Die eigene Kristallisation hindert uns daran, mit dem Leben, so wie es sich zeigt, zu fließen. In dieser Phase hat die Salzpuppe Angst vor dem Meer. In dieser Phase will sie sich durchsetzen und für sich kämpfen.

Hat es mich so niemals gegeben?

Heute weiß ich fast alles von der Person, die ich zu sein glaube und so gut wie nichts von mir, der ersten Instanz, die immer im Fluss geblieben ist. Die zweite Instanz ist nicht nur das Bild, das ich von mir habe. Sie beinhaltet auch meine ganze Geschichte, also alles, woran ich mich erinnern kann: Jeden Schmerz, jede Demütigung und jede Freude. Fatalerweise glauben wir, mit unserer Geschichte deckungsgleich zu sein. Wir glauben, uns zu kennen. Dabei sind wir uns der meisten Geschehnisse nicht mehr im Zusammenhang und vollem Umfang bewusst. Und so hat sich in uns eine Person zusammenphantasiert, die es so niemals gegeben hat. Diese erinnerte Gestalt ist zu unserer Realität geworden. Es ist ein Wesen, dass in der Zeit hin und her springt und sich immer nur die Begebenheiten ins Gedächtnis ruft, die es dabei unterstützen, zu bleiben, wie es ist. Dabei bin ich einfach nur ich.

Das Leben will sich durch jede Form hindurch ausdrücken. Der lebendige Prozess findet gerade statt. Er ist nicht abgeschlossen. Das zu realisieren, führt mich über die Einbildungen der Person hinaus.

Die Liebe trennt nicht

„Was ist Liebe?“
„Überhaupt keine Angst mehr zu haben“, sagte der Meister.
„Was fürchten wir?“
„Liebe“, sagte der Meister.
(Anthony de Mello)

Die tiefste Angst ist, abgelehnt zu werden und sinnlos zu sein. Das widerspricht der Liebe und allem, wofür sie steht. Im tiefsten Innern wissen wir, dass die Angst vor der eigenen Sinnlosigkeit uns davon abhalten will, wirklich und vorbehaltlos zu lieben. Denn das ist, wonach wir uns kollektiv sehnen – nach Liebe. Die Liebe, die sich zwischen zwei Menschen entfaltet, kann der Sehnsucht nach wirklicher Liebe sehr nahe kommen. Das Problem besteht jedoch darin, dass die menschlichen Ausdrucksformen der Liebe der Gestalt sind, dass sie nicht nur gegeben bzw. empfunden werden können, sondern auch wieder entzogen werden oder sich sogar in ihr Gegenteil verkehren können. Und so hat sich im Menschen ein Mangelbewusstsein breitgemacht, das nur überwunden werden kann, wenn sich das Gefühl, Liebe zu brauchen, in die Freiheit, zu lieben, transformiert. Wirkliche Liebe ist die Freiheit zu lieben. Diese Freiheit habe ich von Anfang an. Sie ist von nichts abhängig und kann mir weder gegeben noch genommen werden. Das kann ich entdecken.
„Ich liebe dich nicht mehr!“, lässt uns normalerweise aus dem Gefühl, uns mit mehr oder weniger allem verbunden zu fühlen, fallen. Statt uns weiterhin in die Urwirklichkeit gebettet zu fühlen, baut sich das Gefühl vom Rest der Welt getrennt zu sein in uns auf. Das Verlassensein bleibt „übrig“, es wird wie ein Verrat empfunden.
Es gibt keinen Menschen, der das Gefühl des Verlassenwerdens nicht kennt. Zweimal ist jeder von uns verlassen worden. Deshalb lauert die Furcht vor einem „nicht schon wieder!“ ständig latent im Hintergrund – ob wir das nun wollen oder nicht. In gewisser Weise sind wir von einer Form der Liebe abhängig geblieben, die uns den Zugang zur wahren Liebe verstellt.

Verlassen werden

Das erste Mal sind wir verlassen worden, als wir uns, um die Erfahrung unseres Lebens zu machen, selbst verlassen haben und auf die Welt gekommen sind. Wir sind in der Welt aufgetaucht und haben ziemlich schnell bemerkt, dass zu existieren heißt, getrennt von allem um uns herum zu sein. Das, was wir wollten, war nicht unbedingt das, was andere (für uns) wollten. Wir fühlten uns immer wieder bevormundet und übergangen. Aber nicht nur das: Wir mussten erleben, dass andere Menschen nicht dasselbe wollten wie wir. Kurz – uns wurde klar, dass wir nicht alleine auf der Welt sind. Es gab ein mehr oder weniger lebendiges „um-uns-herum“, es gab Bedingungen und es galt, sich mit ihnen zu arrangieren. Wir waren also nicht einfach nur da und frei, das Leben unvoreingenommen zu erkunden, nein, wir hatten uns auch zu arrangieren und Bedingungen zu erfüllen.

Wenn wir die an uns gestellten Erwartungen erfüllten, erreichten wir in aller Regel mehr, als wenn wir uns den gestellten Anforderungen verweigerten. Wir lernten ein System kennen, das belohnte und Strafe in Aussicht stellte. Statt durch das Leben ans Ziel unserer Träume zu kommen, passten wir uns an eine Welt an, die an unser bloßes Vorhandensein große Erwartungen knüpfte. Uns wurde mit der Zeit klar, dass wir nicht bedingungslos geliebt werden. Deshalb fühlten wir uns immer wieder auch verraten. Es blieb uns nichts anderes übrig, als die Liebe zu einem mehr oder weniger romantischen Ideal zu verklärten.

Statt den Traum unseres Lebens vorbehaltlos zu leben, träumten wir fortan von einem Erlöser, einem Prinzen oder einer Prinzessin, je nachdem. Auf dieser weiten Welt musste es doch jemanden geben, der (die) auf uns gewartet hat. Und so wurde unsere Lebensreise auch und vor allen Dingen zur Suche nach dem individuellen Glück. Irgendjemand im weiten Raum musste haben, was uns fehlte – Liebe für uns. Diese Person würden auch wir vollkommen lieben können.

Die Salzpuppe und das Meer

Mit der Liebe ist es so ähnlich wie mit der Salzpuppe, die sich selbst erkennt, während sie sich im Meer auflöst. Sie erkennt sich, lässt jede Form hinter sich und verschwindet im Großen Ganzen!

Die Liebe ist nicht von sich selbst zu trennen. Sie macht vor nichts halt. Statt analytisch und differenziert zu sein, nimmt sie das, was sich ihr zeigt, ohne Bedingungen zu stellen, an. Das „kann“ die Liebe nur, weil sie vor nichts

Angst hat. Sie weiß nichts vom Verlust. Sie vertraut (sich dem Leben) vollkommen (an).
Diese „Form der Liebe“ ist deshalb nicht zu verstehen, weil sie in dieser Form wirklich ist und damit an keine bestimmte Form mehr gebunden ist. Am Ursprungspunkt ist nichts als Liebe. Alles, was daraus auftaucht, sagt „ich“. „Ich“ kommt direkt aus der Liebe. „Ich“ bedeutend „es darf sein“. „Ich“ braucht keine Erlaubnis, „ich“ ist. Das „Ich-Gefühl“ entspringt der Liebe.
Und doch gibt es Menschen, die „ich“ zu sich sagen und im Gefängnis sitzen. Es gibt Menschen, die „ich“ zu sich sagen, obwohl sie anderen Menschen großes Leid antun. Es gibt Menschen, die „ich“ zu sich sagen, obwohl sie sich selbst zutiefst verachten. Diejenigen, die auf diese Weise „ich“ zu sich sagen, haben vergessen, dass sie aus der Liebe hervorgegangen sind. Wer das vergessen hat, fürchtet sich.
Es gibt aber noch andere, die sich fürchten. Es gibt Menschen, die „ich“ sagen, denen etwas angetan worden ist. Es gibt Menschen, die „ich“ sagen, denen große Schmerzen zugefügt worden sind. Es gibt Menschen, die „ich“ sagen, die unablässig gedemütigt worden sind. Ein „Ich“, dass so etwas erlebt hat, kann nur noch schwer daran glauben, dass es eins mit der Liebe ist. Ein solches „Ich“ kann viel eher den Eindruck gewinnen, dass die Erde die Hölle ist.
Und da ist etwas dran. Wenn sich das „Ich“ im anderen nicht mehr erkennt, kann es auf die Idee kommen, alle negativen Gefühle und alle Schuld auf den anderen zu werfen. Ein solches „Ich“ kann auch glauben, dass die anderen nur dazu da sind, um die eigenen Bedürfnisse zu befriedigen.

Opfer und Täter

Es grenzt an ein Wunder, wenn sich das Opfer-ich im Täter-ich wiedererkennt. Ein ebenso großes Wunder ist es, wenn sich das Täter-ich im Opfer-ich wiedererkennt und einsieht, dass es sich alles selbst angetan hat. Wenn sich der Täter im Opfer wiedererkennt und das Opfer im Täter, dann wird die Liebe offensichtlich. Wo das Opfer und der Täter überwunden werden, ist nur noch Liebe. Dann gibt es kein Opfer und keinen Täter mehr.
Die Liebe kann das, was zusammen gehört, nicht voneinander trennen. Und doch kann die Liebe getrennt vom Leben gesehen werden. Das Resultat lautet: „Du (...) gehörst nicht zu mir.“ – Stellen wir uns das einmal ganz konkret vor. Die Liebe sagt zu einem Menschen: „Du gehörst nicht zu mir.

Ich schließe dich aus!" Das ist einfach unmöglich. Das Widerspricht allem, wofür die Liebe „steht".
Allerdings wird ein Mensch, der sich ausgeschlossen fühlt, die Liebe weder spüren noch realisieren können. Und wer die Liebe weder spüren noch realisieren kann, neigt dazu, „böse" zu werden. Für so einen Menschen kann das „Bösesein" wie ein Vorteil aussehen. Indem er Böses tut, beweist er sich, dass er unabhängig von der Liebe existieren kann oder schlimmer noch – dass es die Liebe gar nicht gibt. In seiner Verzweiflung versucht ein solcher Mensch auf völlig ungeeignete Weise, den Schmerz zu überwinden. Er tut alles, um sich durch seine Handlungen und Gedanken zu bestätigen, dass er keine Liebe braucht.
Wenn die „böse" Salzpuppe das Meer erblickt, will sie da von sich aus nicht rein. Nein! Lieber nicht! Die Salzpuppe will böse bleiben. Besser gesagt: Sie will bleiben, wie sie ist – „unabhängig", was in ihren Augen heißt: „nicht zu verletzen". Für die böse Täter-Salzpuppe ist die Liebe gleichbedeutend mit der Erfahrung, verletzt zu werden. An diesem Punkt wird offensichtlich, dass sie selbst zutiefst verletzt worden ist. Das soll sich unter keinen Umständen wiederholen. Deshalb lautet ihre Devise: weiter kämpfen! Weil sie sich nicht anders zu helfen weiß, wird sie sich unter allen Umständen verteidigen. Schließlich kennt sie es nicht anders. Eine solche Salzpuppe hat vor nichts mehr Angst, als vor dem erlösenden Bad der Liebe.
Die Angst trennt mich von meinem Ursprung, egal ob ich der Täter oder das Opfer bin. Irgendwie bin ich immer Täter und Opfer zugleich. Auch wenn ich nicht besonders böse oder besonders gut bin. Meist fühle ich mich im Recht oder im Unrecht, ich fühle mich richtig oder schuldig, mir geht es gut oder schlecht, ich bin glücklich oder unglücklich. Ich glaube, dass eine Ursache eine Wirkung nach sich zieht. Und eben daran glaubt die Liebe nicht. Genauer gesagt: Die Liebe glaubt gar nicht. Sie ist und nimmt alles zu sich. Sie verwandelt, was getrennt voneinander zu sein scheint. Am Schluss bleibt immer nur die Liebe übrig.
Die Möglichkeit der dauerhaften Trennung existiert in den Augen der Liebe einfach nicht. Und das macht uns Angst. Wenn überhaupt, dann wollen wir mit den Opfern weinen, aber nicht mit den Tätern. Auch wenn wir es für möglich halten, dass niemand freiwillig böse ist – wir wollen den Täter nicht zum Opfer machen. Im besten Fall wollen wir ihn zur Einsicht bringen, ansonsten wollen wir ihn bestrafen. Dabei wird alles nur durch Liebe zur Einsicht gebracht. Die Liebe hat ihre ganz eigenen Methoden. Sie ruft alle Salzpuppen zurück ins Meer. Manchen wird das zeit ihres Lebens allerdings

nicht bewusst. Und so werden sie erst von der Liebe umarmt, wenn es zu spät dafür ist, in Liebe zu leben.

BITTE

Der Wandel im Unwandelbaren

Alles fängt mit Liebe an.
Alles hört mit Liebe auf.
Nur weiß niemand davon ...

Ich selbst, das „Ur-Ich" – ist in jedem von uns präsent. Immer. – Ob wir es vernehmen können oder nicht hängt ganz wesentlich davon ab, womit wir uns Zeit unseres Lebens beschäftigen. Uns steht es frei, uns von unserem eigenen Ursprung abzuwenden und Dinge auf eine Weise zu sehen, die mit dem „Ur-Ich" (mit uns selbst, so wie wir wirklich sind) nicht im Einklang zu bringen sind und ihm nicht entsprechen. Auf diese Weise zu sehen erzeugt Angst und Ablehnung.
Wenn sich das, was in jedem von uns präsent und gegenwärtig ist, unserer Sprache bedienen würde, würde es sich in etwa so äußern: „Ich finde mich in einer Welt vor, von der ich nicht zu trennen bin. Du bist mein Wurf zur Welt hin. Du bist mit mir identisch. Nur durch deine Gedanken fühlst du dich vom Rest der Welt getrennt. Deine Gedanken trennen dich auch von mir. Aber nicht nur das: Sie erschaffen überhaupt erst die Welt, in der sich das eine vom anderen zu unterscheiden scheint. All das hat eine vorübergehende Bedeutung und damit seine Richtigkeit. Ich bin hier, um mich selbst kennen zu lernen und dazu muss ich erkennen, wer oder was ich nicht bin bzw. wer oder was ich nicht sein kann. Wenn ich mit mir selbst deckungsgleich und immer nur ich selbst geblieben wäre, dann wäre außer mir nichts da. Auf diese Weise könnte ich mich allein schon deshalb nicht kennenlernen, weil dann nichts da wäre, was sich von mir unterscheiden würde. – Der Unterschied ist mir also sehr willkommen. Ich brauche Unterscheidungen, um auf mich selbst aufmerksam zu werden. Der Prozess der Selbstrealisation ist nicht gerade einfach. Aber egal wie er sich auch gestaltet, er ist es ohne jeden Zweifel wert. Ich habe zu keiner Zeit an der Richtigkeit meines Vorhabens gezweifelt, mich selbst kennen lernen zu wollen. Und das ist, was gerade stattfindet."
Und weiter: „Ich brauche ein Gegenüber, um auf der Ebene des Bewusstseins zu mir zu kommen. Was ich sagen will ist: Ich kann mich nur im Anderen und durch den Anderen erkennen. Ich erkenne mich vollkommen, wenn ich erkenne, dass ich nicht getrennt vom meinem Gegenüber existiere. Dazu bist du da. Durch dich kann ich mich in allem erkennen, weil du mich vollkommen spiegeln kannst.

Ich bin in die Welt gekommen, um meine Anwesenheit auf jeder nur möglichen Ebene zu realisieren. Mich zu realisieren ist viel weniger ein Prozess des Verstehens als einer des Erkennens. Die Erkenntnis ist, dass ich nicht von mir selbst zu trennen bin. Egal in welcher Form und auf welche Weise ich mir auch erscheinen mag. Immer bin und bleibe ich „ich". Ich bin immer das Ganze, in die Ganzheit gebettet und ganz. Das, was wie zwei aussieht, das Licht und die Reflektion, bin ich allein. Durch dich wird mir das klar."

Im Urgrund wurzeln

Das eben Gesagte lässt sich anschaulich an einem Baum beschreiben. Die Wurzeln des Baumes befinden sich vor unseren Augen versteckt in der Erde. Sie sind noch ganz mit dem „Urgrund" verbunden. Der Stamm ragt gerade nach oben und von ihm gehen die Äste ab und von den Ästen die Zweige. Aus den Zweigen sprießen die Blätter. Jetzt stellen wir uns vor, dass sich jedes Blatt und jeder Zweig und jeder Ast darüber im Klaren ist, dass er ist. Damit wäre der Baum eine Ansammlung von selbstbewussten Ausformungen, die sich als Individuen erfahren. Nicht einmal der Stamm würde sich noch darüber im Klaren sein, dass er aus dem Urgrund hervorgegangen ist, mit dem er nach wie vor fest verwurzelt ist.

Nehmen wir an, dass ein einzelnes selbstbewusstes Blatt erkennen würde, dass es *wirklich* ist. Dann würde es sich dem Ursprung der Wirklichkeit zuwenden und erkennen, dass ihm Bewusstsein zugrunde liegt. In einem zweiten Schritt würde es erkennen, dass allen Erscheinungen dasselbe Bewusstsein zugrunde liegt. Es würde mit einem Mal nicht nur sich selbst, sondern den ganzen Baum realisieren. Und nicht nur ihn: Es würde erkennen, dass der Baum weder vom Boden noch vom „Um-den-Baum-herum" getrennt werden kann.

Das Blatt würde sich selbst als ungetrennt erkennen und damit weit über den Urgrund des Baumes hinaus in den Himmel wachsen. Und das, obwohl das Blatt an einem Zweig hängt, der von einem Ast ausgeht, der wiederrum dem Stamm entspringt, der im Urgrund wurzelt.

Letztendlich erkennt das Blatt, dass nichts aus sich selbst heraus existiert. Es erkennt, dass das andere nicht wirklich getrennt von ihm ist. Ihm wird bewusst, dass alles mit allem verbunden ist. Dem Blatt wird die Natur des Bewusstseins bewusst. Es realisiert die An-wesen-heit in jeder Form und jeder Erscheinung. Die Realisation kann selbst dann nicht mehr verloren gehen, wenn sich das Blatt vom Zweig löst und auf den Boden fällt. Es bleibt mit allem verbunden, besser gesagt, es kommt nicht mehr auf die Idee, sich wieder getrennt zu fühlen. Und so fällt es ihm auch nicht ein, sich vor dem eigenen Tod zu fürchten. Denn Tod heißt immer auch Auferstehung. Oder anders gesagt: Der Urgrund ist nicht tot!

Ein Mensch, der realisiert, dass er niemand ist, der vom Rest der Welt getrennt werden kann, heilt die Welt vom Schmerz der Trennung. Und doch existiert der Schmerz der Trennung weiterhin milliardenfach. Der Schmerz kann nur in demjenigen aufgehoben werden, der sich getrennt fühlt. Deshalb muss die Welt milliardenfach geheilt werden. Oder anders gesagt: Wenn die Illusion der Trennung durchschaut worden ist, wird die Welt als ganz erkannt.

Solange sich die Illusion der Trennung milliardenfach hält, kommt es zu der paradoxen Situation, dass wir von verschiedenen Welten sprechen. Ansonsten ist da einfach eine Welt, in der Trillionen Trilliarden Erfahrungen zur immer selben Einsicht führen: Ich bin! Alle Erfahrungen weisen auf dieselbe Tatsache hin.

Wir sprechen von uns wie von Fremden

Wenn wir „ich“ sagen, dann wissen wir gar nicht so genau, von wem wir da eigentlich sprechen. Erst in Verbindung mit einem (unserem) Namen, macht „ich“ für uns Sinn. „Ich wäre gerne anders.“ Die Frage ist: wer? Wer wäre gerne anders? Thomas kann sich wünschen anders zu sein, Dorothea auch, aber „ich“ kann nicht anders sein, weil „ich“ Thomas und Dorothea zugrunde liegt. „Da habe ich mich mal wieder ganz schön dumm angestellt.“ Wieder stellt sich die Frage nach dem „wer“. Wer hat sich dumm angestellt? Und wer ist es, der das feststellt? „Ich kann nicht aus mir rausgehen. Ich fühle mich immer so gehemmt.“ – Wer?! Und wer stellt das fest? Wer spricht da über wen? Bin ich einfach irgendwer, ein Herr soundso oder eine Frau soundso?

„Ich“ ist nicht, wer ich als Person bin. Auch wenn wir uns das kollektiv einreden: „Ich“ ist in keinem Fall ein Personalpronomen. Ich ist, wer ich *bin*! Es ist die tiefste aller möglichen Instanzen. Es ist das eine und einzige Universalpronomen, das seine Allgegenwart realisieren will. Alles singt und muht und zirpt und bellt „ich“. Alles weist darauf hin, dass „ich“ ist. Alle Versionen des einen Lebens sind ganz vom „Ich“ durchdrungen. Es gibt nichts, was außerhalb vom „Ich“ stehen, sein oder existieren könnte. „Ich“ erscheint sich selbst. Und das, was erscheint, erscheint, um sich selbst zu bestätigen, dass es ist. Die Erscheinung wird in dem Augenblick ewig, in dem sie erkennt, dass sie als Ausdruck nicht vom Universalpronomen zu trennen ist. Alles ist Wandel. Und das, was den Wandel des Lebens bezeugt, ist das allgegenwärtige „Ich". Sobald sich ein Gedanke als Gedanke von Dorothea oder Thomas zu erkennen gibt, treten Dorothea oder Thomas in den mentalen Raum der Person und sind von ihrem wahren Selbst, dem „Ich", abgelenkt. Das ist nicht schlimm. Das gilt es einfach zu erkennen. Erst wenn das „Ich" von sich selbst abgelenkt ist, kommt es zu gedanklichen Verwicklungen. Dann tritt die Person hervor, die sich ihr eigenes Privatuniversum wünscht.

Es ist niemals das „Ich", dass als Person in den Vordergrund tritt. Und doch gestattet das „Ich" der Person, sich als „ich" zu titulieren. Denn auch wenn das Universalpronomen „Ich" immer wieder wie ein Personalpronomen verwendet wird, bleibt etwas von der Wirklichkeit des „Ich" erhalten. Etwas vom „Ich" schwingt in uns nach und erinnert uns daran, wer wir wirklich sind.

Ich bin „dieser Mensch“ – Ein Bekenntnis

Erinnern wir uns:
Ich habe diese menschliche Form angenommen.
Ich bin zu diesem Menschen geworden.
Ich bin bereit und willens, als dieser Mensch zu leben.
Dieser Mensch und ich sind untrennbar eins.
Dieser Mensch ist für mich, wer ich bin.

Und weiter: Mir würde es nicht in den Sinn kommen, zu diesem Menschen „dieser Mensch“ zu sagen. Ich sage zu ihm „ich“, einfach nur ich. Und doch kann ich erst wirklich als dieser Mensch leben, wenn er sich der Tatsache bewusst geworden ist, dass er ist, wer ich bin. Er ist von mir nicht zu trennen.
Ich bin so sehr eins mit dir, dass ich „ich“ zu dir sage. Tatsächlich bist du eins mit mir. Dessen will ich mir durch dich bewusst werden. Dazu brauche ich dein Erkennen. Wenn du dich nicht mehr von mir abwendest, wird dir ohne jeden Zweifel klar, dass ich dein Ursprung, deine Gegenwart und dein Leben bin.

Ein Bekenntnis der Erkenntnis ...

Ich, ohne mich

Ich, ohne mich – was soll das heißen? Ganz einfach: dass ICH nicht zwei bin. ICH BIN nur ICH. ICH selbst. ICH kann mich also nicht haben – ICH kann nur ICH selbst sein. Es ist nicht möglich, mich mir selbst zu geben. Und weil das nicht möglich ist, kann ICH mich mir selbst auch nicht vorstellen. Was sich mir da vorstellt, sind Vorstellungen von mir selbst. Man könnte auch sagen – Projektionen. ICH projiziere mich, um mich selbst wahrnehmen zu können. Das klingt ziemlich verwirrend – ist es aber nicht. Es ist so ein-fach, dass wir es uns nicht vorstellen können.

Während wir uns über uns und die Welt Gedanken machen, übersehen wir, dass wir selbst Reflektionen sind. Wir sind die Reflektionen dessen, was ist, des EINEN, das sich selbst nicht sehen kann. Martin Heidegger hat das „Geworfensein“ genannt. Er hat sich für in die Existenz geworfen gehalten. Wenn ich mich aus der falschen Perspektive anschaue, ist das vollkommen richtig.

Das, was wir Existenz nennen, ist das Projektionsfeld des Seins, sein Spiegelbild. Ohne Spiegelbild würde ich niemals auf die Idee kommen, dass es mich überhaupt gibt. Meine Gedanken, Empfindungen und Gefühle stehen mir gegenüber – sie sind Gegenüberstellungen meiner selbst. Doch die Gegenüberstellungen zeigen weder mich noch das, was ich bin. Sie weisen lediglich auf mich hin. ICH muss da sein, weil da etwas ist. Dabei kann das, was ICH BIN, weder gesehen noch beschrieben, aber erfahren werden.

Beschreibungen treffen lediglich auf die Bilder zu, die ICH von mir selbst in den Raum werfe. Das, was ICH sehe, ist dann mit mir identisch, wenn ich es *ganz* – d.h. vollkommen – sein lasse. Ganz, also genau so, wie es ist. Unkommentiert.

ICH bin keiner, auf den ein anderer zeigen kann. ICH bin keiner und alle zusammen. ICH bin alles zusammen und nichts von alledem. ICH bin ohne mich genau so, wie ICH bin. ICH, ohne mich, ist das „ICH BIN, DER ICH BIN“.

Wenn ICH in den Spiegel schaue und darin jemanden sehe, sehe ICH jemanden, aber ganz bestimmt nicht mich. Wenn ICH in den Spiegel schaue und darin einen Ausdruck meiner selbst zu erkennen glaube, irre ICH nicht. Wenn ICH aber in den Spiegel sehe und glaube, mich darin zu erkennen, bin ICH vollkommen verwirrt. Das kann nicht wirklich sein. Erkennen findet statt, wenn ICH mich in jedem Gesicht wiedererkenne, genauer gesagt: hinter jedem Gesicht. Und das ist, was passiert.

Anmerkung: Zunächst erschien es mir ratsam, „Ich“ dann in Großbuchstaben zu schreiben, wenn es dabei um das nicht personale und allem zugrunde liegende „Ur-ich“ (ICH) geht. Während des Schreibens hat sich mir jedoch gezeigt, dass sich die Bedeutung, in der das Wort „Ich“ gebraucht wird, so gut wie immer aus dem Zusammenhang ergibt.
Tatsächlich kann das überpersonale „Ur-Ich“ (ICH) nicht klar gegen das personale Ich abgegrenzt werden. Das Ur-Ich (ICH) will sich durch das Ich der Person in Erfahrung bringen. Die beiden durchdringen sich zutiefst und lassen sich tatsächlich nicht voneinander (unter)scheiden. Deshalb überlasse ich es gerne der Intuition und dem Einfühlungsvermögen des Lesers, das Wort, das allem zugrunde liegt, in den jeweils richtigen Kontext zu stellen.

Das doppelte Lottchen

Wir sind so etwas wie ein doppeltes Lottchen. Allerdings ist es bei uns anders, als in der Geschichte vom doppelten Lottchen. Wir haben unser „Geschwisterchen" nie gesehen, und wir werden es auch niemals in einer konkreten Form zu sehen bekommen. Manchmal haben wir es rufen hören, manchmal hat es uns auf etwas ganz entscheidendes Aufmerksam gemacht oder uns einen kaum spürbaren Hinweis gegeben, dem wir dann trotzdem gefolgt sind. Aber wir können mit unserem Zwilling nicht Hand in Hand über die Felder ziehen. Oder doch. Aber anders.
Das Problem ist, dass wir uns nicht daran erinnern können, einmal ohne Doppel gelebt zu haben. Es gab eine Zeit, in der waren wir einfach so – ungedoppelt –, ganz und einig. Da waren wir uns der Einigkeit aber nicht bewusst. Und dann tauchte jemand auf, an den wir uns wenden konnten, wenn wir uns verzweifelt fühlten und unsere Not mit jemandem teilen mussten. Jemand, den wir empfinden aber nicht sehen konnten, ein zweites ICH, das MICH. Die Mich-Instanz bezieht alles auf sich. In der Mich-Welt ist nur für einen Platz – für das Wesen, das sie hervorgerufen und um Hilfe gebeten hat. Früher hat die Mich-Instanz ganz große Ohren gehabt. Sie hat uns einfach zugehört und beigestanden. Sie war da, wenn wir sie gebraucht haben. Dann ist sie wieder vergessen worden und hat geschwiegen. Bis zum nächsten Mal.

Alles für mich

Heute ist das genau anders herum. Heute spricht die Mich-Instanz ständig. Sie berät uns unaufgefordert, entwirft Pläne und kommentiert unser Leben. Die Mich-Instanz hat uns zu der Überzeugung kommen lassen, dass wir mit der kommentierenden Instanz in uns identisch sind. Der Mich-Instanz geht es nur um meine Welt, um meine Pläne, um meine Schmerzen, um meine Ängste und um meine Wünsche, eben um mich. Alles, was für die Mich-Instanz von Bedeutung ist, rechne ich mir selber zu. Es wird als zu mir gehörig identifiziert. So hat sich die Mich-Instanz im Laufe des (meines) Lebens das ganze Leben unter den Nagel gerissen. Alles hängt davon ab, ob ich etwas damit anfangen kann, ob es mir von Nutzen ist, ob es für mich eine Bedeutung hat, ob ich es an mich ziehen, erwerben oder ganz einfach haben kann.
Die Mich-Instanz will auch das haben, was sich nicht in Besitz nehmen lässt: Liebe, Freude, Schönheit, Gesundheit, Austausch ... Sie will einfach alles für

uns. Schließlich haben wir sie einst ins Leben gerufen. Doch statt uns dafür dankbar zu sein, hat die Mich-Instanz unser Leben übernommen und unter ihre eingebildete Kontrolle gebracht.

Wie eine Mutter, die nicht loslassen kann

Das Mich ist besitzergreifend, es will uns schützen und jedwedes Leid von uns abwenden. Es glaubt immer noch, dass wir naiv und höchstens vier Jahre alt sind. Damit verhält sich die Mich-Instanz wie eine Mutter, die ihr Kind nicht loslassen kann. Angeblich zum Besten ihres Kindes. Aber wer wäre die Mutter ohne ihr Kind eigentlich noch? Kann sie wirklich glauben, dass es zum Besten des Kindes ist, wenn es abhängig und unselbstständig bleibt – oder tut sie das für sich selbst?

Natürlicherweise ist das Kind auf allen Ebenen von der Mutter abhängig. Die Mutter ist die intimste Bezugsperson. Aber das Kind will erwachsen werden. Es will die Welt für sich selbst entdecken und ist dafür sogar bereit, schmerzhafte Erfahrungen auf sich zu nehmen. Das Kind will wachsen. Es will in den unbekannten Raum hinein expandieren und sich auch im Unbekannten zu Hause fühlen können. Das Kind will nicht angstvoll an die Mutter gebunden bleiben, es will die Angst überwinden.

Alles, was geboren wird, ist dazu da, über sich selbst hinaus zu gehen. Es geht immer um das Wachsen. Aber das will die Mutter nicht, die sich an ihr Kind hängt. Tatsächlich hat sie die Rolle mit der ihres Kindes vertauscht. Das gilt es zu entdecken. Bezogen auf die MICH-Instanz heißt das: Ich kann entdecken, dass ich weit über alles hinausgehe, was ich von mir glaube, denke und weiß. Die Mich-Instanz hat mich vom Leben abgeschnitten und in Besitz genommen. Und das alles nur, um mich vor dem Leben und seinen Unwägbarkeiten zu schützen.

Was sich mir durch Einsicht erschließen kann, ist, dass ich niemand bin, der gedoppelt werden muss. Das, was ich bin, ist ohne Doppel. Oder anders gesagt: Ich hänge nicht an mir. Ich bin ich selbst.

Der Augenblick

Wenn ich diesen Augenblick entdecke, ist alles anders. Dann bin ich mit mir selbst deckungsgleich. Nicht mit mir als Person. Nicht mit meinen Ängsten, Wünschen und Ambitionen. Sondern mit der Präsenz, die all meinen Ambitionen, Ängsten und Phantasien, meinen Annahmen, Hoffnungen und Wünschen zugrunde liegt. Wenn ich mir die inhaltslose Präsenz vergegenwärtige, zeigt sich der Augenblick so, wie er ist. Dann bin ich da!

Wenn ich da bin, gibt es keine wegführenden Gedanken mehr. Gedanken wie: Früher war ich nicht und später werde ich nicht mehr sein. Was soll das heißen: Ich war nicht? Ich werde nicht sein? Ich bin! Das ist eine Tatsache.

Das Kennzeichen der Vergangenheit ist, dass sie vorbei ist. „Past is graveyard", hat der indische Weise Papaji gesagt. Im Matthäusevangelium (8, 22) heißt es dazu: „Lass die Toten die Toten begraben." Noch einfacher gesagt bedeutet das nichts anderes als: Lass das, was Vergangen ist, vergangen sein, und greife es nicht immer wieder auf.

Natürlich kann die Vergangenheit wieder auferstehen – in Gedanken und nur da. Die gedanklichen Wiederauferstehungen können äußerst faszinierend aber auch sehr beängstigend sein. Und doch kann das, was vorbei ist, nicht mehr wirklich sein: Eine gestern zerbrochene Tasse steht heute nicht wieder „unzerbrochen" auf dem Tisch. Sie ist zerbrochen! Das gilt es zu realisieren. Aber in Gedanken hören ich mich sagen:

- Sie hätte nicht runterfallen dürfen!
- Ich hätte besser aufpassen müssen!
- Ich weiß noch genau, *wie* ich mich erst an sie gewöhnen musste.
- Sie ist mir ans Herz gewachsen.

Die „unzerbrochene" Tasse existiert nicht. Statt es damit gut sein zu lassen, verliert sich der Verstand in seinen Betrachtungen. Das ist die Trance. Ich sehe mich noch mit der Tasse in der Hand dasitzen – *mit meiner Lieblingstasse*. Ebenso gut kann ich mir vorstellen, dass ich sterben werde. Die Frage ist nur, wozu?

Hoffnung

Meine Hoffnung hört auf den Namen Zukunft. Die Zukunft soll mir bringen, was sich in der Vergangenheit nicht erfüllt hat oder zerbrochen ist. Die Zukunft soll meine Geschichte zu einem guten Ende bringen. Ich sehne mich nach einem Happy End. Ich will endlich heil sein.

Wenn ich mir zu oft vorstelle wie es weitergehen soll, enge ich die Zukunft auf das Maß meines Vorstellungsvermögens ein und beraube sie so ihres wahren Potentials. Wo das passiert, verliert die Gegenwart die Kraft, alles Überkommene von mir zu lösen. Dann wird die Zukunft für mich nicht sehr viel mehr als eine Verlängerung der Vergangenheit sein.
Die Hoffnung der Gedanken ist, dass sie sich in die Zukunft retten können. Das können sie – aber nur auf meine Kosten!
Das Gestern hat mich konditioniert und zu dem gemacht, was ich heute bin. All meine Glaubensbekenntnisse kommen aus dem Gestern und sind von gestern. Das Gestern bestimmt mein Verhältnis zu anderen Menschen, zu den Tieren, zu den Pflanzen und zum gesamten Kosmos. Es bestimmt mein Verhältnis zu der Person, die ich repräsentiere. Repräsentiere – aber nicht bin. Wer oder was bin ich eigentlich? Das ist die Frage, die mich aus der Trance aufwecken kann. Dann lebe ich wirklich und weiß nichts mehr vom Werden und nichts mehr vom Vergehen. Dann bin ich und muss nicht mehr darauf hoffen, eines Tages wirklich und ganz zu sein.

Der Kommentator

Ereignisse finden auch statt, wenn niemand da ist, der sie kommentiert. Es regnet! – Das ist alles. Für den Kommentator in uns stellt sich das anders dar. Er braucht etwas, worüber er sich Gedanken machen kann. Er will aus den Ereignissen etwas machen. Wenn er routiniert genug ist, braucht er keinen neuen Ereignisse mehr. Dann kommentiert er einfach das, was ihm gerade in den Sinn kommt. Altes Material aus den Archiven.

Der Kommentator ist ein merkwürdiges Wesen. Statt sich zu entspannen und auszuruhen, wenn „nichts" passiert, ist er darauf versessen, immer mit von der Partie zu sein. Schließlich glaubt er, dass er uns etwas überaus Wichtiges mitzuteilen hat. Seine Meinung. Fatalerweise glauben wir das auch. Vielleicht ist es besser zu sagen, dass wir uns schon sehr früh daran gewöhnt haben, seine Anmerkungen für essentiell und notwendig zu halten.

Der Kommentator ist der Schatten der „Ich-Person", er ist das „Mich", auf das sich alles bezieht. Durch seine Art auf die Welt zu sehen, doppelt er sie. Seine Welt hängt von seinen Sichtweisen ab. Sie ist völlig aus dem Zusammenhang gerissen.

Der Kommentator „arbeitet" rund um die Uhr. Er ist auch nachts aktiv. Er kann sich eine Welt ohne sich selbst einfach nicht vorstellen. Das ist nicht weiter verwunderlich. Schließlich ist die Welt ohne ihn so, wie sie ist. Der Kommentator will um Rat gefragt werden, und wir tun ihm den Gefallen. Wir bestätigen ihm seine Wichtigkeit immer wieder und können uns nicht mehr vorstellen, frei von ihm zu sein. – Was, wenn es plötzlich kommentarlos regnet? Was, wenn sich das Leben auf einmal ganz einfach ereignet, wenn es folgerichtig passiert? Das ist unvorstellbar!

Interessant wird es, wenn wir den Kommentator zum ersten Mal wirklich sprechen hören, wenn wir ihn bewusst wahrnehmen. Wahrnehmen, aber ohne ihm zu folgen. Dann werden wir unter Umständen mitbekommen, dass er eigentlich ziemlich faul ist.

Fast alles, was er uns mitzuteilen hat, hat er uns schon tausendmal gesagt. Es kommt vom Band. Er macht sich nicht einmal die Mühe, die Bänder immer wieder neu zu arrangieren. Nein, wenn gerade nichts passiert, was seinen aktuellen Kommentar „erforderlich macht", dann berieselt er uns im Stakkato mit altbekannten Statements. Da wir sie kennen, halten wir sie für „besonders wahr".

Der Kommentator hat von all seinen Kommentaren Aufzeichnungen. Er hat seine „best of", eine Hitliste der Kommentare, von denen er weiß, dass sie bei uns einschlagen. Ohrwürmer sozusagen. Fast alle seine Aussagen machen Sinn für uns.

Stille

In der Stille ist niemand still. Die Stille kann tosen und prasseln, rufen, singen und explodieren. Das „tut" die Stille natürlich nicht. Es passiert, wenn es still ist, es passiert in die Stille hinein.

Wenn es in mir still ist, erfahre ich ganz unmittelbar, was passiert. Dann ist da nichts als kommentarloses Gewahrsein. Dann mischt sich niemand in das „Sosein" der Welt ein. Und doch lässt die Stille Einmischung zu.

Je stiller es in mir ist, umso bewusster nehme ich die Tendenz wahr, mich einmischen zu wollen. Derjenige, der sich einmischen will, hält mich normalerweise von der Stille fern. Sein Getöse lässt mich die Stille überhören. Genauer geschaut wird klar, dass ich für Einmischungen so gut wie immer ein offenes Ohr habe. Das ist es, was mich stört! Die Stille bleibt davon unberührt.

Aufmerksamkeit schenken

Meine Füße stehen unter dem Tisch. Gerade habe ich mich daran erinnert, dass es sie gibt. Jetzt spüre ich sie. Wie aus dem Nichts sind sie aufgetaucht. Schon bald werden meine Füße wieder aus dem Fokus meiner Aufmerksamkeit verschwunden und vergessen sein. Ob sie dann noch da sind, kann ich nicht mit Sicherheit sagen. Schließlich ist das, was sich mir gerade nicht ins Gedächtnis ruft, nicht vorhanden. Zumindest nicht für mich.

Der vergessene Freund

Das ist so ähnlich wie mit einem Freund, der auf eine Weltreise gegangen ist. Wenn ich mich nicht an ihn erinnere, rutscht er ganz schnell aus dem Bewusstseinsfeld, in dem ich mich zusammen mit meinen Gedanken bewege. Sobald ich mich frage, ob es ihn wohl noch gibt, taucht er wieder auf. Das ist erstaunlich. Wo war er bloß, während ich nicht an ihn gedacht habe?

Wie es ihm geht, weiß ich natürlich erst, wenn das Telefon klingelt und er am anderen Ende der Leitung ist. Nachdem er aufgelegt hat, verschwindet er wieder in der Ferne. Ich gebe ihn an das Vergessen preis. Bis mich wieder irgendetwas an ihn erinnert oder er sich mir wieder ins Gedächtnis ruft.

Mit meinen Füßen ist das ganz ähnlich. Sobald ich nicht mehr an sie denke, sind sie spurlos verschwunden. Dann sind sie einfach nicht mehr da. Diesmal will ich sie nicht entkommen lassen und lege sie vor mich auf den Tisch. Da kann ich sie die ganze Zeit im Auge behalten. Kein Zweifel, da sind sie, meine Füße! – Diesmal achte ich so sehr auf sie, dass ich *mich* für sie vergesse. Ich übertrage meine Gedanken- und Gefühlswelt auf sie und verschwinde im Hintergrund. Da sind nur noch zwei Füße.

Ich übertrage mich

Selbstvergessen sehe ich, wie sie sich näher kommen und schließlich aneinander reiben. Die Füße spüren sich gegenseitig und fühlen sich vitalisiert. Sie spielen miteinander. Vielleicht so, wie Hunde es tun, wenn sie sich ineinander verknäulen.

Da komme ich wieder zu mir. Augenblicklich wird mir klar, dass *ich* meine Füße gespürt habe. Doch während meine Aufmerksamkeit ganz bei den Füßen war, kam es mir so vor, als ob sie zwei eigenständige Wesen wären. Unbemerkt von mir hatte sich das Empfindungsvermögen von mir auf die Füße übertragen. „Unbemerkt von mir“ – das hört sich so an, als ob ich

mich vor mir selbst trennen könnte. Obwohl das zunächst ziemlich merkwürdig klingt, passiert das tatsächlich jeden Tag viele Male.
Was ins Gesichtsfeld der Aufmerksamkeit kommt, wird relevant. Es wird erlebt und dadurch auch belebt. Alles andere verliert an Bedeutung. So kann z.B. ein Stein zum Leben erwachen. Eine gewöhnliche Feder, die mit großer Aufmerksamkeit angeschaut wird, kann ein Schlüsselerlebnis auslösen. Das Schlüsselerlebnis kann z.B. die Erkenntnis sein, dass es keine gewöhnlichen Federn gibt. Dafür kann ich mich schon mal selbst vergessen!
Die Aufmerksamkeit stellt den Kontakt her. Sie ist die Brücke, über die alles zu mir kommt. Damit ist sie das großartigste Werkzeug, das mir zur Verfügung steht. Aber das Werkzeug steht mir erst dann zur freien Verfügung, wenn ich klar erkennen kann, dass der Aufmerksamkeit die Tendenz innewohnt, sich in ihr Gegenteil zu verkehren. Wenn ich mir dessen nicht bewusst bin, funktioniert die Aufmerksamkeit wie ein passiver Mechanismus, der sich von allem, was ihm bekannt ist, nur allzu bereitwillig anziehen lässt. Die umgekehrte Form der Aufmerksamkeit ist so passiv, dass sie sich immer wieder in die Welt von gestern hineinziehen lässt.
Alle Süchte und Zwangsverhalten, die sich auf mich übertragen, sind das Resultat eines nicht bewusst gemachten passiven Anziehungsmechanismus. Wo der Anziehungsmechanismus wirkt, setzt die Aufmerksamkeit aus – und umgekehrt. Wenn ich mir und der Welt Aufmerksamkeit *schenke*, wird das Leben auf zauberhafte Weise relevant.

Zuversicht

Ich bin der Raum, in dem ich mir selbst erscheine. Um das zu erfahren, bin ich in jeder nur denkbaren Form auf dem Weg zu mir selbst!
Ich betrete den Raum, der ich selber bin, ich durchschreite und verlasse ihn, immerzu und immer wieder. Jede Form der Inkarnation dient mir dazu, mich erkennen zu lassen, dass ich wirklich anwesend bin. Nicht nur in dieser oder jener Form, nicht nur als diese oder jene Form, sondern durch jede Form hindurch.
Ich feiere immer nur Hochzeit mit mir selbst – auch wenn ich das noch nicht weiß. Alles, was geboren wird, ist mir willkommen – auch wenn ich das noch nicht weiß. In mir ist jemand, der voller Zuversicht ist. Er sagt immer ja. Er schließt alles ein. Das annehmende Prinzip in mir ist, was Liebe bedeutet. Vielleicht komme ich nur deshalb immer wieder zu mir, um mir der Tatsache bewusst zu werden, dass es wirklich darum geht, jede Form und jeden Aspekt von mir selbst anzunehmen. Das ist Liebe! Mich immer wieder zu entdecken, in jedem Wesen, in jeder Kreatur. Sonst wäre ich nicht hier.

Zwischendrin – zwischendurch

Zwischendrin vergesse ich immer Mal wieder wer ich bin. Ich stehe immer wieder zwischen allen Stühlen. Zwischendurch bin ich immer wieder zwischendrin, im Kampf, im Drama. Zwischendurch glaube ich wirklich, dass es hier für mich was zu holen gibt. Sowas wie Anerkennung, Liebe oder einen Preis. Manchmal passiert es mir sogar, dass ich mich ausgesetzt fühle, allein gelassen, ganz fremd und ziemlich schwach. Dann fühle ich mich ganz bestimmt nicht wie eine Braut oder ein Bräutigam sondern wie jemand, der kurz vor dem Ertrinken ist und gerettet werden muss. Dann brauche ich Hilfe, die ich mir selbst nicht gewähre. Manchmal zieht mich dann jemand ins Rettungsboot. Aber darin kann niemand für immer bleiben. Ich weiß auch nicht, warum es mir manchmal so schwer fällt, mich an mich selbst zu erinnern. Ich weiß, dass es keinen Grund gibt, nicht zuversichtlich zu sein. Aber wenn ich nicht zuversichtlich bin, fühle ich mich einfach nur verloren. Das ist der Punkt. Und trotzdem weiß ich, dass ich nicht verloren bin. Ich bin hier, um mich in jeder Form wiederzuerkennen. Ich bin hier, um mich in allen Augen wiederzuerkennen. Ich bin hier, um mich daran zu erinnern, was Liebe wirklich bedeutet. Ich bin hier, um mit mir Hochzeit zu feiern.

Zuwendung

Nicht die Glücklichen sind dankbar.
Es sind die Dankbaren, die glücklich sind.
(Francis Bacon, Philosoph und Staatsmann, 1561-1626)

Ich kann mich nicht mit Liebe und Sorgfalt um ein Haus mit 30 Zimmern kümmern. Da muss jemand her, der für mich putzt und sich um alles kümmert. Wenn ich mich den Dingen zuwende, wird meine Welt ganz von selbst sehr viel kleiner. Und wenn sie freiwillig kleiner wird, ist sie erfüllt und wird dabei unendlich viel größer und reicher. Meine Welt fängt an zu blühen. Zu viel von allem macht mich dumpf und unbeweglich.

Was brauche ich wirklich?

Was brauche ich wirklich? Ein Bett, einen Stuhl und einen Tisch zum Beispiel. Das passt in ein kleines Zimmer. Ein Tisch, der mir als Tisch dient, ist ein wunderbarer Tisch. Ein Tisch, der nur dazu da ist, ein Einrichtungsgegenstand zu sein, hat für mich keine echte Bedeutung. Er repräsentiert etwas anderes, z.B. meinen „guten" Geschmack. Und wenn ich mich an ihm satt gesehen habe und ihn damit satt habe, dann wird er ausgetauscht. Schließlich war der Tisch für mich zu keiner Zeit ein Tisch, sondern eher so etwas wie ein Ausstellungstück. Vielleicht habe ich niemals an dem Tisch gesessen und keine Zeit mit ihm verbracht. Dann fristete er ein Dasein als Accessoire.

Das, was nur dem äußeren (An)Schein nach gesehen und beurteilt wird, muss sich zweckentfremdet fühlen. Schließlich wird es nicht dafür geachtet, was es ist und so wird es sich im tiefsten Innern immer ungeliebt fühlen. Ein Tisch ist einfach „er selbst". Er kann nichts anderes darstellen. Wenn wir in einem Gegenstand etwas suchen, was er uns nicht geben kann, entwürdigen wir ihn.

Vielleicht ist das Liebe: Ich nehme alles vom Tisch weg, was nicht zu ihm gehört. – Dann bleibt nur noch der Tisch übrig. Und das, was übrig bleibt, schätze ich für sein Vorhandensein. Der Tisch, der für mich nur noch ein Tisch ist, ist ein lebendiger und geachteter Tisch. Jeder Tisch wäre glücklich, einfach nur ein Tisch sein zu dürfen. Wenn ich mit mir selbst in Frieden bin, missbrauche ich andere nicht, um mich selbst zu inszenieren.

Wenn ich mich aber leer fühle und Zuspruch suche, kann ich nichts so sein lassen wie es ist. Dann sehe ich in den Dingen nur das, was ich gerade in ihnen zu sehen wünsche. Ich werde immer wieder enttäuscht feststellen, dass die Dinge meine Wünsche nicht befriedigen können. Deshalb muss ich mir immer wieder etwas anderes wünschen, z.B. einen neuen Tisch, einen neuen Freund oder eine neue Frau. Meine Wünsche hindern mich daran, mich auf das, was ist, einzulassen. Und so wird mir mit dem neuen Tisch – und nicht nur mit ihm – ziemlich schnell langweilig. Die Dinge werden für mich bedeutungslos, sie sagen mir nichts mehr.

In diesem Verständnis kann ich es für eine gute Idee halten, ein riesiges Haus zu haben. Ein Haus, um das sich „die Angestellten" kümmern. Meine Aufgabe sehe ich dann vielleicht nur noch darin, mir meine Wünsche zu erfüllen. Und so bin ich ständig dabei, mir neue Dinge zu kaufen. Erst wenn ich aufhöre, in Traumwelten zu flüchten, kann ich bemerken, dass ich anwesend bin. Ich – und der Tisch und alles andere. Je mehr Anwesenheit ich in mir entdecke, umso weniger kann ich das, was mit mir anwesend ist, missachten.

Indem ich mich auf die Dinge einlasse, gebe ich ihnen den Wert zurück, den meine Wünsche von den Dingen abgezogen haben. Und plötzlich stoße ich auf mich! Ich bin derjenige, der zu den Dingen in Beziehung steht. Um das mitzukriegen, muss ich zu den Dingen kommen und mit ihnen im selben Raum anwesend sein.

Indem ich mich den Dingen zuwende, erkenne ich, dass es „das Ding an sich" nicht gibt. Das Ding an sich und ich, zwischen uns passiert etwas. Und das, was zwischen uns passiert, ist von größter Bedeutung. Tische, die einfach nur Tische sein dürfen, sind glückliche und dankbare Tische. Und Menschen, die ihre Tische schätzen, auch. Das ist ein offensichtliches Geheimnis. Ein dankbarer Mensch an einem dankbaren Tisch in einem dankbaren Raum. Selbsterkenntnis!

Selbstlosigkeit

Das, was sich seiner selbst nicht bewusst werden kann, ist von Natur aus im selbstlosen Frieden. Aber es kann sich daran nicht erfreuen. Dazu bedarf es des Bewusstseins. Wenn Bewusstsein auftaucht, erkennt sich das, was selbstlos ist, nicht sofort wieder. Das liegt daran, dass es selbst zu etwas wird. Das, was ursprünglich eins war – und immer eins bleiben wird – wird durch das Bewusstsein getrennt voneinander wahrgenommen. Es wird dem Anschein nach zu mehreren.
Wenn sich die Einheit in der Form „von anderen" selbst gegenüber tritt, ist das Bewusstsein schon aufgetaucht. Plötzlich sind da jede Menge „nicht-ichs" – andere Körper. Und in den anderen Körpern sind andere Gedanken und andere Empfindungen. Statt der alles verbindenden Selbstlosigkeit wird immer mehr Trennung wahrgenommen.

Ein Heiliger, der nichts davon weiß

Was wir durch all den Trennungsschmerz kaum noch wahrnehmen, ist, dass wir einen Körper bewohnen, der eine Einheit bildet und der auf der Grundlage dieser Einheit operiert. Nichts von dem, was der Körper „ist" oder tut, ist getrennt von ihm überlebensfähig. Meine Ohren und Arme, mein Herz und mein Blut, jede Zelle und jedes Organ meines Körpers gehören untrennbar zu ihm. Nichts in diesem Organismus ist (oder hat sich) verselbstständigt. Das Herz tritt nicht mit der Lunge in Kontakt, beide sind ganz füreinander da, schließlich haben sie kein „eigenes" Bewusstsein. Mein Körper bildet ein großes, selbstlos ineinander greifendes Ganzes, das untrennbar mit sich selbst verbunden ist. Deshalb wird mein Körper im Bewusstsein als Einheit wahrgenommen. Mein Körper ist wie „ein Heiliger", der nichts davon weiß. – Ganz ergeben, ganz zugewandt.
Wenn ich mich am Schienbein stoße, wird mir durch den Schmerz klar, dass ich ein Schienbein habe. Dadurch wird aber mein Schienbein nicht bewusst. Das Schienbein bleibt in die Ganzheit des Körpers eingebettet. Und nur weil das so ist, kann der Körper alles mobilisieren, was es braucht, um mich das Schienbein schnell wieder vergessen zu lassen. Heilung passiert.
Heilung geschieht durch das selbstlose Ineinandergreifen. Sie *ist* das selbstlose Ineinandergreifen. Wo etwas, ohne auf den eigenen Vorteil zu schauen, ineinander greift, geschieht Heilung. Wirkliche Heilung kann es also nur da geben, wo das selbstlose Vergessen zu Hause ist.

Ankläger, Verteidiger und Richter in einer Person

In einem Körper mit selbstbewussten Organen und Gliedmaßen würden ständig irgendwelche Strafgerichte tagen. Ständig würde es darum gehen zu klären, wer die Verantwortung für etwas hat, z.B. für eine Mittelohrentzündung oder für die Gallensteine. Oder auch nur für die Kopfschmerzen oder das Bauchweh. Die Frage nach der Schuld würde dem Körper seine Kraft und Zuversicht rauben und ihn augenblicklich kollabieren lassen.

Erstaunlicherweise gibt es in uns trotzdem eine Instanz, die sich einen großen Vorteil davon verspricht, andere anzuklagen oder zumindest zu kritisieren. Schließlich muss irgendjemand schuld sein! Es ist die Instanz in uns, die alles auf sich selbst bezieht – „Ich selbst". Weil sie *alles* auf sich bezieht, muss sie zu allem Stellung nehmen. So vergeuden wir einen Großteil unserer Kraft und Zeit darauf, andere – oder uns selbst – zu beschuldigen.

Wo erst einmal geklärt werden muss, wer „die Schuld" hat und wie es überhaupt zu dem Ereignis kommen konnte, sind mehrere Parteien am Werk. Da gibt es immer einen Ankläger, einen Verteidiger und einen Richter. Ganz wie im „richtigen" Leben. Diese drei Parteien befinden sich in uns. Zusammen bilden sie die Instanz „ich selbst". „Ich selbst" kann nur deshalb so verfahren, weil es glaubt, durch die Abgrenzung gegen „nicht-ich selbst" eine Stärkung zu erfahren. Dabei macht uns die dauerhafte Abgrenzung auf der kollektiven Ebene krank. Heute sind die trennenden Gedanken auf allen Ebenen sichtbar. Wir sind zu den Opfern eines falsch verstandenen Selbstbewusstseins geworden. Wie gesagt: Mit so einer Geisteshaltung wäre der menschliche Körper keine Sekunde lang überlebensfähig.

Selbstbewusstsein

Der Körper der Erde ist um einiges größer. Deshalb kann er uneinsichtige Wesen ziemlich lange ertragen. Es dauert seine Zeit, bis der Körper unter der Last der selbstbewussten Wesen kollabiert. Das „Problem" mit dem Selbstbewusstsein besteht darin, dass es die Tendenz hat, das, was zusammen gehört, auseinander zu dividieren. Und doch stellt das Selbstbewusstsein an sich kein Problem dar. Es richtet sich nur so lange gegen uns, bis wir erkennen, welche Aufgabe ihm in (der) Wirklichkeit zukommt. Bisher benutzen wir das Selbstbewusstsein fast ausschließlich dafür, um uns „vom Rest der Welt" abzugrenzen. Dabei ist es dazu da, uns

über „uns selbst“ hinaus zu führen. Um mich im Anderen erkennen zu können, muss ich mich erst einmal selbst erkennen. Und das kann ich nur, weil ich selbstbewusst bin. Das Selbstbewusstsein ist also die unabdingbare Voraussetzung für die Selbsterkenntnis.
Die Aufgabe des Bewusstseins ist es, mich über das Selbstbewusstsein hinaus zu tragen und alles in mir auftauchen zu lassen. Die ganze Welt taucht in mir auf. Deshalb kann ich mich von ihr nicht trennen. Weder von ihren Leiden noch von ihren Freuden. Weder von dem, was hässlich ist, noch von der unendlichen Schönheit, die sich in vollkommener Selbstlosigkeit ausdrückt. Wer sich seiner selbst bewusst geworden ist, kann sich alle Prinzipien vergegenwärtigen. Er kann erkennen, dass das schönste, klarste und heilsamste Prinzip das der Selbstlosigkeit ist.

Bewusst erlebte Selbstlosigkeit ist Schönheit

Die Erde sehnt sich danach, zu einem Ort selbstbewusster Selbstlosigkeit zu werden. Die Selbstlosigkeit beginnt bei mir. Ich bin das selbstbewusste Wesen, das sich in allem wieder erkennen kann.
Ohne Selbstbewusstsein gibt es keine wirkliche, tiefe und umfassende Selbsterkenntnis. Ohne Selbsterkenntnis muss uns die Selbstlosigkeit unbewusst bleiben. Dann kann sie weiterhin nur im Verborgenen blühen. Die bewusste Erfahrung der Selbstlosigkeit ist, was die Schönheit ausmacht. Die bewusste Erfahrung der Selbstlosigkeit macht die Erde zu dem Ort, der sie ist und sein „will“.

Fallen – in die Trennung

Und dann ... Liebe

Es gibt Liebe und Liebe und Liebe und Liebe. Die erste Form der Liebe ist unbewusst. Ich liebe, weil ich bin. Ich liebe so ganz und vollkommen, dass ich bereit bin, mich völlig abhängig zu machen. Natürlich „mache" ich das nicht. Schließlich bin ich gerade erst geboren worden und damit ein vollkommener Ausdruck der Liebe. Der vollkommene Ausdruck der Liebe wird hier nicht wirklich „verstanden". So bleibt mir als Neugeborenem nichts anders übrig, als mich auf die Welt einzustellen. Dass ich eventuell nicht ganz und gar willkommen bin, war mir bisher nicht in den Sinn gekommen. Aber jetzt spüre ich es immer öfters. Ich versuche zu verstehen – und tue alles, um mich an das Leben in der Trennung anzupassen.

Ich suche nach Überlebensstrategien. Ich werde zu Jemandem der versucht, der Umwelt zu entsprechen. Noch liebe ich meine Eltern fraglos, auch wenn sie mich nur halbwegs freundlich empfangen haben. Noch sind meine Eltern so etwas wie meine zweite Haut.

Nach und nach wird die Form wichtiger als ich selbst. Ich versuche alles, um mich der gewünschten Form anzupassen. Dann wird mir mehr Fürsorge und Freundlichkeit geschenkt. Dann fühle ich mich wohl und angenommen. Wenn ich nicht bin, wie ich bin, darf ich sein. Das ist paradox, aber davon weiß ich noch nichts. Aber ich spüre es immer deutlicher.

Was heißt das eigentlich – geliebt werden? Ich bin gerade dabei, die Liebe zu vergessen. Eigentlich vergesse ich sie nicht. Ich war in ihr, und jetzt scheine ich nicht mehr in ihr zu sein. Ich bin woanders. Ich wusste einfach nicht, dass ich in der Liebe bin, weil es außerhalb nichts gab. Mich gab es auch (noch) nicht. Das „Ich" war noch nicht da, da war nur Liebe. Das habe ich natürlich nicht gewusst. Wie dem auch sei – jetzt bin ich da. Vielleicht ist das der einzige Grund, warum ich ausgezogen und bei meinen Eltern eingezogen bin: Um mich auf die Suche nach der verloren gegangenen Liebe zu machen. Oder anders: Vielleicht bin ich nur aus der unbedingten Liebe gefallen, um sie zu erkennen.

Die Trennung nimmt ihren Lauf

Ich suche so sehr, dass ich bereit bin, mich dafür selbst zu verlassen. Liebt mich! Nehmt mich an! Was muss ich dafür tun? – Nach und nach gewöhne ich mich daran, mir die Liebe zu verdienen und auch ich höre auf, andere einfach so zu lieben. Zumindest glaube ich das. Ich mag nicht mehr alle. Es genügt mir nicht mehr, in den Arm genommen zu werden und ein Fläschchen zu kriegen. Ich will gar nicht mehr von jedem in den Arm genommen werden. Das ist vorbei. Ich weiß, wen ich mag und wen nicht. Mein Leben hat sich zu einer Entdeckungsreise entwickelt. Ich habe längst erkannt, dass es eine Welt außerhalb von mir gibt. Und die gilt es zu erkunden. Darin ist es hart und weich, freudig und angstvoll, langweilig und spannend, ganz schön und ganz schlimm. Darin ist einfach sehr viel los. Dabei ist das, was ich erlebe nicht unbedingt das, was ich erleben will. Deshalb fange ich an, mir mein Leben auszumalen. Ich beginne zu träumen. Und im Traum mache ich mich auf die Suche nach der Liebe.

Meine Projektionen lassen mich lebendig fühlen

Ich stelle mir Traumtypen vor und hänge sie mir an die Wand. Ich bin jetzt schon 12 oder 13 Jahre alt. Ein paar Jahre später holt mich die „Realität“ ein. Meine Träume stellen sich als unerreichbar heraus. Vielleicht habe ich sie auch nur geträumt, weil ich noch nicht so weit war, ihnen mit Haut und Haaren gegenüber zu treten. Aber jetzt, jetzt lebe ich Beziehungen. Ich entdecke das andere Geschlecht, liebe und trenne mich und fühle mich dabei unglaublich lebendig. Alles, was mir passiert, ist absolut real. Was ich noch nicht bemerke, ist, dass ich nur mit meinen Bildern zusammen bin. Ich male mir jemanden aus, den es so nicht gibt. Und wenn er dann ganz anders ist, bin ich maßlos enttäuscht. Dann hat er mir was vorgemacht. Dann war er eben doch nicht der Richtige oder besser noch: Dann habe ich mich weiterentwickelt, und er ist stehen geblieben. Meine Suche nach dem Menschen, der mich liebt, wird immer intensiver. Ich mache mich auf die Suche nach einem Lebenspartner. Unterdessen ist mir klar, dass ich vielleicht ein paar Kompromisse eingehen muss. Wenn er/sie mich dafür nur wirklich liebt!

Was ich noch nicht ganz klar erkenne, ist, dass ich mich immer noch wie ein dreijähriges Kind verhalte. Ich bin immer noch nicht in der Lage, aktiv zu lieben. Aktiv heißt – selbst. Selbst heißt – um der Liebe Willen. Da ist immer noch eine große Bedürftigkeit.

Alles wird sanfter

Ich habe die große Liebe noch nicht gefunden. Ich suche sie immer noch. Auch wenn ich jetzt realistischer bin und mir klar geworden ist, dass es meinen Traumpartner nicht gibt. – Oder vielleicht doch? ... Wer weiß! – Jahre später weiß ich, dass ich mir was vorgemacht habe. Ich bin desillusioniert, glaube ich. Ich habe mich arrangiert. Meine Beziehung funktioniert und hin und wieder gibt es sowas wie eine Sternstunde.

Vielleicht habe ich aber auch keine Lust mehr auf Kompromisse und lebe jetzt allein. Wie auch immer. Tief in mir sehnt sich immer noch etwas nach Liebe. Schließlich bin ich ja noch nicht tot! Aber irgendwie ist mir klargeworden, dass ich nicht einmal sicher weiß, was ich mit Liebe eigentlich meine. Vielleicht ist sie ja etwas ganz anders als das, was ich mir vorgestellt und gesucht habe. Klar, ich habe das Rauschhafte erlebt, ich war verliebt, unsterblich sogar, ich habe geträumt, es ging hoch und runter, war wunderbar und schrecklich. Aber kann ich wirklich sagen, dass ich der Liebe begegnet bin?

Heute, es ist schon wieder ziemlich viel später, ist mir klar, dass sich die Liebe nur in mir entdecken lässt. Die Liebe will eher raus als rein. Sie ist, woher ich komme. Das spüre ich. Ich spüre, dass die Liebe in mir wohnt aber gleichzeitig fühle ich mich immer noch bedürftig. Ich sehne mich nach jemanden, mit dem ich die Liebe teilen, auf den ich sie werfen kann. Und ich habe ganz bestimmt nichts dagegen, etwas zurück zu bekommen. Ich suche eher das Tiefe als das Aufregende. Eher das sich Entwickelnde als das Plötzliche. Eher das Vertrauen als den Rausch. Alles ist jetzt sanfter.

Vereinigung

Es ist schade, wenn das, was gelebt hat
auf harten Boden fällt.
Dann braucht es so viel länger, um seine Form hinter sich zu lassen.
Dann wird es über die Zeit hinaus aufgehalten und daran gehindert,
sich wieder mit dem zugrunde liegenden zu verbinden.

Der Asphalt ist abweisend und undurchlässig.
Er besteht auf sich selbst.
So wie der Mensch, der nicht loslassen kann.
Kein Wunder –
er wurde vom Menschen erdacht.

Der Same im Flug, die Blüte, das sterbende Tier,
sie wollen sich wieder mit dem Boden vereinigen,
auf dem sie zeitlebens getanzt haben.
Sie wollen in das Lebendige zurück.
Niemand kann das verhindern.

Sandburgen, nichts weiter

Das geht schon ganz früh los. Wir bauen uns eine Sandburg am Meer. Nahe dran, aber nicht so nah, dass sie gleich wieder mitgerissen wird. Was als kindliches Spiel beginnt, wird bald zur mentalen Lebensgrundlage. Statt auf Sand zu bauen wollen wir, dass unsere Pläne sich entwickeln können und dafür brauchen sie ein solideres Fundament. Was für unsere Vorhaben und Investitionen in die Zukunft richtig sein kann, fängt früher oder später an, uns zu lähmen. Denn wir sind keine Sache, die geplant und gesteuert werden kann. Oder anders: Wenn wir uns wie plan- und steuerbare Investitionen verhalten, hören wir einer sichereren Zukunft zuliebe auf zu leben. Das ist aber gerade nicht, was wir beabsichtigt haben. Was dann?

Unsere Absicht ist es, uns in die Zukunft retten. Wir wollen noch da sein, wenn sie kommt. Und nicht nur das: Wir wollen sie glücklich erleben, finanziell abgesichert und gesund. Dafür sind wir scheinbar bereit, jetzt auf das Leben zu verzichten. Irgendwie sieht es immer so aus, als ob von allem zu wenig da wäre. Ständig müssen wir sparen und uns zurücknehmen. Für später.

Erst wenn ich akzeptiere, dass die Sandburg meines Lebens ganz nah am Meer steht, werde ich mich wieder lebendig fühlen und es wieder wagen, frei zu atmen. Schon ein einziger tiefer Atemzug kann meine schöne Sandburg zum Einsturz bringen. Sie ist das mentale Konstrukt, das sich dem Körper und allem Lebendigen übergestülpt hat.

Das Ego ist die Sandburg, die gerne so sicher wie ein Bunker wäre. Aber glücklicherweise ist das ein unmögliches Verlangen. Die mentale Struktur bekommt sehr schnell Risse. Nicht dadurch, dass sie angegriffen wird, dann ist sie standhaft, sondern wenn sie mit offenen Augen angeschaut und untersucht wird. Dann wird offensichtlich, dass sie bereits von Rissen übersät ist. Einen Großteil unserer Lebenszeit wenden wir dafür auf, die Risse notdürftig zu kitten. Schließlich können wir uns nicht vorstellen, ein Leben jenseits unserer Vorstellungen zu führen. Oder anders: Um wie bisher weitermachen zu können, sind wir auf unsere Vorstellungen angewiesen. Unsere Vorstellungen sind der Kitt. Nichts weiter.

Das unfassbare Leben

Wir werden das Leben niemals fassen können. Das Abenteuer besteht darin, das eigene Leben nicht zu wissen. „In“ diesem Abenteuer leben wir alle, es *ist* unser Leben. Unabhängig davon, ob wir das erkennen oder nicht. Natürlich können wir versuchen, aus dem Abenteuer eine Routine zu machen und zwanghaft Handlungen wiederholen, die aus unserem Leben eine überschaubare Angelegenheit machen. Dann verleiht der „Alltag“ dem Leben einen gewissen Rahmen und uns eine äußerst trügerische Form der Sicherheit.

Weil wir kollektiv wissen wollen, worauf wir uns mit dem Leben eingelassen haben, hat sich das Leben für uns zu einer Form des Alltags verdichtet, dem es an echter Inspiration und Abwechslung fehlt. Dafür wissen wir, „woran wir sind“. Das ist unsere Hoffnung.

Wenn wir in der Routine gefangen sind, sehnen wir uns nach Abwechslung. Das ist nur allzu verständlich. Wir sind vor langer Zeit von unseren Identifikationen gefangen genommen worden. Wir haben den Glauben angenommen, dass wir jemand sind. Und wir haben uns dazu verpflichtet, für den Rest unseres Lebens als die Person zu leben, die wir statt uns selbst angenommen haben.

Früher wurde mit uns geschimpft, heute machen wir das mit uns selbst. Wir sind zu unseren eignen Gefängniswärtern geworden. Nur wissen wir das in aller Regel nicht. Wir halten es für vollkommen normal, zeitlebens im viel zu kleinen Käfig der Person zu verbringen.

Erstaunlicherweise ist es so, dass wir, wenn wir nicht mehr alles planen und vorwegnehmen und sicher machen wollen, erkennen, dass unser Alltag das Abenteuer *ist*. Oder genauer gesagt: Dass unser Alltag das Abenteuer unseres Lebens nur vordergründig und damit sehr unzureichend überlagern kann. Es ist jederzeit möglich, in das Abenteuer hinein aufzuwachen, das sich uns als „mein Leben“ zeigt. Wenn das „Mein“ immer unwichtiger wird, bekommt das Leben die Bedeutung, die es hat.

Lebendiger Ausdruck

Die Person meines Lebens ist sehr oft damit beschäftigt, sich zu präparieren. Warum? Um entkommen zu können! Vor dem Leben, so wie es sich zeigt. Vor dem Leben, so wie es ist. Aber woher soll ich wissen, wie das Leben ist, wenn ich ihm nicht „erlaube“ sich zu zeigen und ständig auf der Hut vor ihm bin?

Ich bin nicht in der Position, dem Leben Bedingungen zu diktieren. Ich bin es nicht, weil mich das Leben selbst hervorgebracht hat, weil ich selbst ein lebendiger Ausdruck des Lebens bin. Tatsächlich kann es also nicht darum gehen, dem Leben zu entkommen, sondern darum, in ihm aufzugehen.
Glücklicherweise lebe ich! Und so lange ich am Leben bin, gibt es die Möglichkeit, den allem zugrunde liegenden Irrtum aufzudecken. Wessen Alltag lebe ich da eigentlich? Oder besser gefragt: Gegen wessen Alltag kämpfe ich da an? Wessen Gedanken denke ich? Oder besser gefragt: Gegen wessen Gedanken kämpfe ich so angestrengt an?

Auf das Leben einlassen

Denken sich bestimmte Gedanken nicht nur deshalb immer wieder, weil ich an sie glaube? Und werden sie durch meinen Kampf gegen sie nicht erst real? Könnte es nicht sein, dass sich mir mein Alltag, schon seit „ich mich kenne", ganz anders zeigen will – aber nicht kann?
Jetzt besteht die Möglichkeit, sich auf das Leben einzulassen. Ob und wie sich mein Leben dadurch verändert, dass will erfahren und nicht auf gedanklichem Wege vorweggenommen werden. Das Schöne ist: Das Leben ist mir geschenkt worden. Ich habe also nichts zu verlieren. Die Zweifel, die ich hege, hegt das Leben nicht. Es sind „meine" Zweifel. All meine Zweifel sind Selbstzweifel. Das ist „gut" und „schlecht" zugleich. Gut ist es, wenn ich verstehe, warum ich an mir zweifele. Schlecht ist es, wenn sich meinen Selbstzweifel auf mich als Person beziehen. Dann werde ich weiterhin alles dafür tun, um gesehen und anerkannt zu werden.
Der Zweifel, den ich an mir habe, bezieht sich in Wirklichkeit auf die Person, die ich an meiner Stelle angenommen habe. Die Identifikation mit dem Selbstzweifel überträgt sich auf die Welt und wird zu der von mir erlebten Realität. Dann bin ich als jemand in einer mir fremden Welt. In so einer Welt bleibe ich in der kleinsten aller möglichen Gefangenenzellen und die trägt meinen Namen. In dieser Zelle sitzt jemand, der auf sich stolz sein und sich schämen kann. Tagein, tagaus dieselben Spielchen. Vielleicht kann ich mir ja dabei zuschauen, wie sich „mein Alltag" verändert, wenn ich ihn nicht mehr bekämpfen und auch nicht mehr verteidigen muss. Vielleicht gibt es meinen Alltag dann gar nicht mehr?

Göttliche Interferenzen*[1]

Das Leben zurückspulen?

Der Evolutionsforscher Stephan Jay Gould hat sich gefragt, was passieren würde, wenn wir „das Band des Lebens“ zurückspulen, komplett löschen und neu aufnehmen würden. Seine Frage war, ob sich dann alles nochmal genau so oder zumindest ähnlich abspielen würde. Ihn interessierte, ob die neue Aufnahme mit dem Original übereinstimmen würde. Wenn ja, dann wäre „der Lauf des Lebens“ vorherbestimmt. Anderenfalls wäre er ganz oder teilweise willkürlich.

Wenn sich das Leben beim zweiten Anlauf ganz anders entwickeln würde, würde das bedeuten, dass die Gesetzmäßigkeiten, die wir „im Ablauf der Dinge“ zu erkennen glauben, nur für diese willkürliche Phase des Lebens gelten. Im Grunde genommen wären all unsere Erkenntnisse irrelevant, weil sie sich nur auf einen Kosmos beziehen würden, der selbst willkürlich ist.

– Worüber der Verstand nicht so alles nachdenken kann. Wenn, dann, müsste, könnte, sollte ... – Aufwachen passiert, wenn uns bewusst wird, dass wir hier sind! Dann ist da niemand mehr, der sich an seinen Gedanken berauscht. „Ein willkürliches Universum ...“, was für ein Gedanke.

Der Verstand reißt uns gerne mit. Statt zu erkennen, dass er nur Mittel zum Zweck ist, halten wir ihn viel zu oft für genial. Dabei hat er keinen Selbstzweck. Er ist lediglich so etwas wie ein Werkzeug. Aber er verhält sich wie ein Hammer, der sich an sich selbst berauscht. Ein solcher Hammer würde alles, was ihm unterkommt, zerschlagen. Einfach, um sich zu demonstrieren, dass er es kann. Er würde sich immer wieder selbst beweisen, wie schlagkräftig er ist. Nicht für einen Augenblick würde ihm in den Sinn kommen, dass sein Tun absolut sinnlos ist.

An die Gedanken verloren wie der Verstand ist, spult er ständig hin und her. Dabei ist er nicht sonderlich konzentriert. Statt im Hier und Jetzt zu sein, ist er meist im Irgendwo seines gedanklichen Kosmos unterwegs. Aber das Leben ist hier. Es gibt kein „Band des Lebens“ und deshalb kann das Band des Lebens auch nicht zurückgespult werden.

Während sich der Verstand mehr oder weniger zwanghaft wiederholt, ist und besteht das Leben aus Einmaligkeit. Sonst wäre es nicht, was es ist!

---

[1] Interferenz: Überlagerungserscheinung beim Zusammentreffen von Wellen (Licht, Schall ...)

Kein Strich wird ein zweites Mal gezogen. Nichts wird jemals wiederholt. – Außer in Gedanken! Der kreative Impuls macht das Leben aus.

Ich bin Innen- und Außenraum

Wie wäre es damit? Gott zeigt sich nur durch Interferenzen. Während manche Interferenzen ein sehr verzehrtes göttliches Bild zeigen, sind andere fast vollkommen transparent und durchsichtig. Keine Interferenz kann Gott so zeigen, wie er ist. Und doch weisen alle auf seine Anwesenheit hin.

Eine Interferenz zeigt sich z.B. auf dem dünnen Häutchen einer Seifenblase. Das Häutchen grenzt den Innenraum gegen den Außenraum ab. Dabei schillert es in bunten Farben. Für einen kurzen Augenblick sieht es so aus, als ob die Seifenblase eine eigene Wirklichkeit besitzen würde. Dann platzt sie und es stellt sich heraus, dass Innen- und Außenraum ein und derselbe Raum sind und schon immer waren. Da war so etwas wie ein Schleier, eine Interferenz. Gebrochenes Licht zeigte sich plötzlich in vielen Farben. Und dann war es auch schon wieder vorbei.

Ich kann als ein Frosch oder als ein Mensch erscheinen. Aber ich bin weder ein Frosch noch ein Mensch. Der Erscheinung nach bin ich wie eine Seifenblase, eine göttliche Interferenz. Wenn Innen und Außen nur scheinbar sind, können sie sich nicht mehr zwischen mich und Gott schieben. Dann wird mir bewusst, dass „ich" von Gott nicht zu trennen ist. Weder als Frosch, noch als Mensch.

Gewandelte Formen

Wenn ein Reh im Wald auf einen Menschen trifft, noch davor, sucht es das Weite. Es springt dahin, wo es kein Reh sein muss und einfach sein kann. Als das, was es ist. Vielleicht als ein Kitzeln des Grases an der Nase oder als ein Scheuern an der krustigen Rinde eines Baumes oder einfach als Schauen, dass auf nichts bezogen und ohne Zentrum ist.

Was es auch ist – immer ist es wortlos, selbst erklärend und unmittelbar. Tiere haben dieses Glück. Sie kennen es nicht anders. Sie müssen niemand sein, nichts darstellen und sich deshalb auch nicht in eine Form sehen. Sie sind sich selber los oder besser gesagt: Sie sind sich selbst niemals begegnet. Und so können sie im Frieden der Abwesenheit verbleiben. Anwesenheit heißt zunächst einmal immer auch Konflikt. Es ist nicht einfach, anwesend zu sein! Der Konflikt muss so lange anhalten, bis die Anwesenheit ganz durchdrungen worden ist. Dann wird Anwesenheit zur Freude. Zur Freude, die das Seins an sich selbst hat. Unvermutet wird das Leben zum wirklichen Leben. Zu etwas, das sich immer wieder selbst hervorbringt, um sich erneut in gewandelter Form zu erkennen. „Das bin ich auch! Und das auch!" Plötzlich hört das Sehen auf, das die Formen voneinander trennt. Es wird gesehen.

Jetzt machen die vielen verschiedenen Formen keine Angst mehr. Jetzt wird erkannt, dass das Leben ohne Angst in jede Form geht und aus der Form heraus. Das Leben erfüllt die Form mit Leben. Formen sind aus reinem Überschwang da und nicht, um angstvoll gegeneinander zu kämpfen. Das ist, was ein Wesen realisieren kann – vollkommene Anwesenheit.

Das Universum gibt sich in Form von persönlichen Strukturen zu erkennen

Es gibt einige spirituelle Streitfragen, die Koans gleichen. Zwei der populärsten sind:

1. Ist das Universum auch ohne mich?
2. Bin ich im Universum oder ist das Universum in mir?

Vordergründig betrachtet scheinen die Fragen tiefgründig zu sein. Dabei liegt ihnen dieselbe Illusion zugrunde: Dass es jemanden gibt, der unabhängig vom Universum ist. Wer bin ich, und was soll das Universum sein? Wie komme ich darauf, dass ich ein autonomer Jemand bin? Wer lässt mich das denken? Und wer sorgt dafür, dass es sich „in mir" so anfühlt? Könnte es nicht sein, dass ich das Ergebnis von Gedanken und Gefühlen bin? Ich sage „mein Körper". „Mein" – obwohl jedem von uns klar ist, dass wir den Körper nicht selbst gemacht haben. Unsere Eltern haben ihn auch nicht gemacht. Wir haben uns im Körper vorgefunden und ihn kurzerhand zu uns gemacht. Zumindest zu einem Teil von uns. Dafür sind unsere Empfindungen „verantwortlich" zu machen. Die waren sehr unterschiedlich – schrecklich und schön.

Als ich mir das erste Mal mein Knie aufgeschlagen habe, habe ich geweint. Es tat so weh! Dann wurde ich getröstet. Das fühlte sich weich an und warm und roch gut und ein zärtlicher Singsang kam aus dem Mund. Da war ich noch ganz klein. Diese Erfahrungen waren so unmittelbar, dass sie sich mir ganz tief eingeprägt haben. All das ist passiert. Ich musste nichts dafür tun. Es hat mich zu der Überzeugung kommen lassen, dass ich an einem bestimmten Ort – in meinem Körper – zu Hause bin. Dabei lässt mich das Universum die Erfahrung meines Lebens machen.

Keine Frage: Alle Verkörperungen sind voneinander zu unterscheiden. Als Verkörperungen sind wir voneinander getrennt. Aber in den Verkörperungen ist niemand „drin". Wenn wir nach dem „Ich" suchen, ist niemand zu finden. Du und ich, wir sind nur auf der Ebene der Körper zwei. All unsere Gedanken und Gefühle beziehen sich auf die körperliche Ebene. Das kann nicht anders sein.

Zunächst einmal wird uns durch unsere Empfindungen das Gefühl vermittelt, dass wir eigenständig und getrennt voneinander sind. Wir

„sollen" ein Gefühl für die Existenz bekommen, und das können wir nur, wenn wir uns eigenständig fühlen. Wir sollen fühlen, wie es sich anfühlt, ein körperliches Wesen zu sein. Und das ist, was passiert.
Irgendwann wird ganz von alleine klar, dass wir mehr sein müssen, als eine Anhäufung von Gefühlen und Gedanken, die sich auf einen Körper beziehen. Wir müssen auch mehr sein, als die hehren, spirituellen Gedanken, die sich vom Körper abwenden und sich vorstellen, dass es eine persönliche Seele gibt, die unseren verkörperten Zustand überdauert.
Gedanken sind dazu da, uns von der Quelle abzulenken. Sie lenken uns – und nicht umgekehrt! Ohne die uns eigenen Gedanken würden wir uns nicht wiedererkennen. Ohne sie wären wir nicht da! Zumindest nicht als die, die wir zu sein *glauben*!

Die Kontinuität der Person

Wir wollen in uns und anderen ständig etwas sehen. Das ist das Problem! Der Neuropsychologe Paul Broks sagt*[2]: „Wenn man eines Tages aufwachte und entdeckte, dass man sich in ein riesenhaftes Insekt verwandelt hat, würde man wahrscheinlich einfach aufstehen und mit seinem neuen Leben weitermachen." Damit beschreibt er sehr Präzise den Zwang der Person, irgendetwas oder irgendjemand sein zu müssen.
Ein Insekt braucht keine Person. Aber eine Person würde sich lieber mit der Rolle eines Insekts abfinden, als keine Rolle mehr zu spielen und nichts mehr zu sein. Denn das ist, was die Person ist – etwas Scheinbares.
Die Person an sich ist weder gut noch schlecht, sie muss nicht verteufelt werden. Und doch ist sie nichts weiter als eine kernlose Hülle. Keine Frage: Es gibt Gefühle, es gibt Gedanken, es gibt individuelle Ausformungen, es gibt die Mannigfaltigkeit, es gibt Geräusche, Gerüche, Lust und Schmerzen – all das gibt es. Und all das wird erfahren. Aber da ist weit und breit niemand, der Kontinuität besitzt.
Die eingebildete Kontinuität ist das Band, an dem das persönliche Universum aufgefädelt wird. Das Band *ist* die Person. Die Person beschäftigt sich unentwegt mit irgendwelchen Glasperlen und nimmt sich so die Möglichkeit, *einfach* hier zu sein. Im Ergebnis machen sich Angst und Unsicherheit breit. Irgendwann ist das Band so verknotet, dass ich mir die ganze Kette zum ersten Mal anschauen muss. Zu guter letzt geht es darum, die ganze Kette aufzudröseln. – Welche Kette?! Du bist kein Insekt und auch

---

[2] Paul Broks, „Ich denke, also bin ich tot" Piper Verlag 2006, S.72

kein Reptil! Wir brauchen keine Zusammenhänge herzustellen, wo es keine gibt.

Der Bewusstseinsraum

Wenn ich du wäre, dann wäre ich genau so, wie du gerade bist. Ich hätte keine Wahl. Niemand hat eine Wahl. Ich auch nicht. So wie es aussieht, sind bestimmte Charaktere und Lebensumstände die Voraussetzung dafür, dass bestimmte Erfahrungen zu uns kommen können. Zu uns, heißt, in den „Bewusstseinsraum“. Dem Bewusstseinsraum liegt der vereinheitlichte Raum zugrunde. Der vereinheitlichte Raum ist wie das Meer. Der Bewusstseinsraum ist, was aus dem Meer aufsteigt und sich zeigt. – Da tanzen die Wellen, da spritzt die Gischt, da tobt die Brandung. Einzelne Tropfen des „einen Meeres“ tanzen auf der Meeresoberfläche und werden vorübergehend zu etwas.

Um das, was da passiert, noch deutlicher sichtbar zu machen, umgeben wir die einzelnen Tropfen mit imaginären bunten Hüllen. Von „Natur aus“ sind die Hüllen mit den von außen sichtbaren Formen identisch. Oder anders gesagt: Von Natur aus ist die Form unverhüllt, d.h. nackt. Jetzt sehen wir den Wassertropfen dabei zu, wie sie kleinen bunten „Wasserballons“ gleich, aus dem Meer aufsteigen, hin und her springen und wieder untergehen. Jeder einzelne Tropfen steigt aus dem „Nichts“ auf, färbt sich und beschreibt, während er sich zeigt, einen Weg. Dann kehrt er in den Ursprung zurück und verliert, während er verschwindet, seine Färbung.

Je flacher das Wasser ist, umso größer ist das Spektakel auf der Oberfläche. Je tiefer der Meeresgrund, umso „gelassener“ ist das, was auf der Oberfläche vor sich geht. Eine interessante Metapher – was tief ist, muss weniger Aufhebens machen.

Ob im Flachen oder im Tiefen, wir spielen die Rolle, die wir zu spielen haben. Niemand kann seiner Rolle – und damit einer bestimmten Perspektive auf die Dinge – entkommen. Und niemand weiß so genau, welche Rolle er eigentlich hat. Vielleicht kommt die große Wende ja noch, die Rolle rückwärts zurück ins Meer. Dahin, wo sich die Oberfläche so sehr vom tiefen Grund angezogen fühlt, dass sie sich ergibt. Das ist ein vollkommen neuer Anfang.

Das Neue passiert ein-fach

Wenn etwas wirklich Neues geschieht, bin ich immer nur Zeuge. Selbst wenn es durch mich getan wird, bin ich nicht der Schöpfer. Schließlich passiert das Neue gerade erst, in diesem Augenblick. Ich kann es also weder wissen noch kennen. Ich erlebe, dass alles vollkommen neu *ist*. Alles, was ist, ist neu. Es gibt das Alte nicht. Das, was mich so wenig Neues und so viel Altes sehen lässt, basiert auf Ignoranz. Die Ignoranz besteht darin, das, was ist, schon kennen zu wollen. Jenseits der Ignoranz zeigt sich mir, dass ich *wirklich* bin und dass ich das Leben nicht im Voraus wissen kann.

Solange ich mich für den Schöpfer halte, kann nichts wirklich Neues passieren. Schließlich bin ich „das Alte“. Ich bin der, der ich geworden bin. Was ich jetzt bin, entzieht sich meiner Kenntnis und nur das, was sich meiner Kenntnis entzieht, ist wirklich neu.

Das Neue ist nicht das Alte in anderer Verkleidung. Das Neue ist ohne mich und dich, es ist ein-fach so. Und doch kann es sich erst zu erkennen geben, wenn ich es für möglich halte.

Die Liebe trägt keine Uniform

Der Raum ist äußerst vielfältiger Natur: Einerseits sind wir von ihm umgeben, andererseits bewegen wir uns darin. Das, was sich zwischen den einzelnen Wesen befindet, ist Raum. Ob der Raum *zwischen* den Wesen steht und zu Konflikten führt, hängt einzig und allein davon ab, was wir in den Raum hinein sehen. Das Entscheidende ist also, was *zwischen* dir und mir passiert! Die Frage ist, ob wir auf angemessene Weise zusammen finden.

Der Raum lässt uns zunächst einmal hervortreten, einen jeden für sich, ganz alleine. Alles, was ist, ist im Raum der Existenz willkommen und darf somit sein. Das gilt für alle Wesen, die jemals im Raum aufgetaucht sind und für alle, die noch auftauchen werden. Sie alle haben eine „Seinsberechtigung in der Tasche“. Die Existenz an sich hat mit keinem von uns ein persönliches Problem. Die Frage ist, ob wir das erkennen. Schließlich werden im Raum der Existenz jede Menge Erfahrungen gemacht, die uns zu dem Schluss kommen lassen könnten, dass die Welt ein Ort ist, dem es an Liebe und Zuwendung fehlt. Ja, und vielleicht ist das auch so.

Der Mangel an Liebe kann zu unserem Glaubensbekenntnis werden und uns ein Leben lang danach leben lassen. Dann werden wir weiterhin fieberhaft nach Unterschieden suchen, uns weiterhin fremd fühlen und den anderen dafür anklagen, dass er anders ist. Es besteht die Möglichkeit, der Welt bis ans Ende unserer Tage vorzuwerfen, dass sie uns nicht auf angemessene Weise willkommen geheißen hat. Aber es gibt auch die Möglichkeit, zu erkennen, worauf sich der Mangel an Liebe gründet.

Das, was zwischen den Wesen stattfindet, kann sich nur dann als Liebe zu erkennen geben, wenn die einzelnen Wesen für sich selbst erkannt haben, wer sie sind und welche Bedeutung ihnen zukommt.

Durch die Interaktion zwischen den Wesen findet Gott in den Ausdruck – oder auch nicht. Solange er sich vor sich selbst verbirgt, ist der andere (das andere Volk oder der, der anderen Glaubens ist) jemand, den ich selbst dann für minderwertig halte, wenn ich vom Verstand her weiß, dass er nicht minderwertig sein kann. Vom Verstand her zu wissen, hat weder etwas mit Selbsterkenntnis noch mit Liebe zu tun. Der Verstand ist für das göttliche Prinzip viel zu klein. Schließlich ist die Liebe das umfassende Prinzip, dass zwischen sich und einem anderen keinen Unterschied sieht.

Keine Frage, wir alle unterscheiden uns der Form und dem Ausdruck nach. Aber das macht keinen Unterschied! Zumindest nicht für die Liebe. Die

Liebe ist die Zeugin Gottes. Sie bezeugt Gott, indem sie sich im anderen wiedererkennt. Oder anders gesagt: Wir werden nicht dadurch gleich, dass wir Uniformen tragen und fanatisch an dasselbe Glauben. Wir werden zu Gleichen, indem wir uns an der Unterschiedlichkeit erfreuen und sie zur Blüte kommen lassen. Schließlich ist nicht entscheidend, welche Blume blüht. Entscheidend ist, dass sie blüht!

Das Bewusstsein hat uns

Es ist zwar so, dass wir Bewusstsein haben, aber trotzdem besitzen wir es nicht. Wir können nicht frei darüber verfügen. Tiefer geschaut wird klar: Das Bewusstsein hat uns. Es bestimmt und lenkt uns auf eine Weise, die zunächst einmal zur Identifikation mit einem Körper führt. Zwangsläufig! Ohne unsere Identifikationen wäre es uns nicht möglich, zu Bewusstsein und damit zu uns selbst zu kommen.

Erst weint und lacht es nur, einfach so, dann reflektiert es die Umgebung und schließlich sich selbst. Statt zu fragen, was da lacht und weint, wird gefragt: Warum muss ich lachen und weinen? Die Gründe für das eigene Befinden werden schon sehr bald im Außen gefunden. Wie wir uns fühlen, hat mit unserer Umgebung zu tun. Unserer Überzeugung nach, kommt es auf die Umstände und die Situationen an.

Als wir geboren wurden, war uns alles noch so unmittelbar, dass es uns noch nicht in den Sinn kam, zwischen uns und „der Umwelt" eine Distanz zu schaffen. Wir waren in unserem eigenen Leben noch nicht aufgetaucht. Alles war fraglos, einfach und klar. Wenn da Hunger war, war da nur Hunger, wenn es kalt war, war es nur kalt, wenn es sich warm und weich anfühlte, war es nur warm und weich. Es lachte, freute und weinte sich ganz einfach. Aktion und Reaktion bildeten noch ein gemeinsames Ganzes. Nichts war voneinander durch Gedanken getrennt, niemand reflektierte und nichts war ausgedacht. Aber so konnte und sollte es nicht weitergehen. Jedem von uns war es von Anfang an bestimmt, vor sich selbst aufzutauchen. Ansonsten wären wir schlicht und ergreifend nicht hier!

Die Freude des Seins an sich selbst

Wer lebt, will etwas werden. Das ist ganz natürlich. Das ist das Prinzip des Lebens. Das erste Werden hat sich durch unsere Geburt vollzogen. Wir sind zu menschlichen Wesen geworden. So sieht es zumindest von außen betrachtet aus.

Da ist eine unbändige Freude am Sein. Die Freude des Seins an sich selbst. Diese Freude ist von unseren Meinungen und Gedanken vollkommen unabhängig. Sie will das, was ist, wieder und wieder neu ausdrücken. Sie will alles in immer neuen Variationen zum Vorschein bringen. Die Freude kann und will sich nicht zurückhalten. Darum fährt sie mit dem Schöpfungsakt fort. Der Mensch will das auch, schöpferisch sein: Er will etwas werden, er will erschaffen. Aber er ist nicht bereit, loszulassen.

Und solange er nicht loslassen kann, kann sich ihm das Prinzip der Freude des Seins an sich selbst nur im Ansatz erschließen. Statt das freudvolle Prinzip der Schöpfung zu entdecken, versucht der Mensch, die Freude am Sein in Besitz zu nehmen. Der Mensch will die Freude für sich selbst. Und weil das ein Ding der Unmöglichkeit ist, leidet er. Das will (und wird) uns zu Bewusstsein kommen.

Das Bewusstsein ist das Prinzip, dass die Freude am Sein entdecken und seine Anwesenheit voll erfahren will. Für das Bewusstsein geht es darum, sich in jedem Menschen wieder zu erkennen. Und nicht nur im Menschen, sondern in allen und allem.

Wir sind im Bewusstsein aufgetaucht, um das Bewusstsein von sich selbst zu unterrichten. Unsere Bestimmung ist es, den fortwährenden Schöpfungsprozess wahrzunehmen. Diese Aufgabe haben wir uns nicht ausgesucht – wir haben sie einfach. Das zu erkennen und schließlich auch zu erfahren, erschließt uns die Freude, die das Sein an sich selbst hat.

Von Schattenboxern und Drachentötern

Der Drachentöter muss nicht aus dem Haus gehen und wenn er es doch tut, macht das für ihn keinen Unterschied.
Der Schattenboxer will nach Hause finden, aber wohin er auch geht – nirgendwo fühlt er sich zu Hause.

Der Drachentöter ist eigentlich faul. Deshalb ist er sehr aufmerksam.
Der Schattenboxer ist immer beschäftigt. Deshalb sieht er das Naheliegende nicht.

Der Drachentöter weiß, dass er keine Angst haben muss. Deshalb ist er mutig.
Der Schattenboxer will mutig sein. Deshalb hat er meistens Angst.

Der Drachentöter lauscht.
Der Schattenboxer versucht, sich zu erklären.

Der Drachentöter überlässt sich dem Leben.
Der Schattenboxer hofft, gerettet zu werden.

Der Drachentöter ist jederzeit bereit.
Der Schattenboxer ist ständig dabei sich vorzubereiten.

Der Drachentöter schlägt dem Drachen den Kopf ab.
Der Schattenboxer kämpft gegen die Realität.

Der Drachentöter sagt sofort „Ja!"
Der Schattenboxer kann sich auch nach langem Zögern nicht entscheiden.

Der Drachentöter weiß um die Gefahr.
Der Schattenboxer fürchtet sich davor.

Der Drachentöter sieht im Schattenboxer einen Drachentöter.
Der Schattenboxer sieht im Drachentöter einen Schattenboxer.

Kein Unterschied! – Wenigstens darin stimmen sie überein ...

Ablichtungen im Kopf

Wir hängen an Bildern der Wirklichkeit

Das, was abgelichtet ist, ist nicht mehr so. Wir sind nicht nur in unserem Personalausweis und diversen Fotoalben abgelichtet. Nein, das, was wir und andere in uns sehen, sind Ablichtungen. Bestenfalls dreht es sich bei den Bildern um halbwegs richtig erinnerte Phasen desjenigen, der wir einmal waren. Das Bild, das wir von uns selbst haben, ist in keinem Fall richtig. Es kann nicht richtig sein! Das hat damit zu tun, wie wir auf uns schauen. Wir schauen auf uns, wie auf Jemanden, wie auf etwas fest Umrissenes.

Wie waren wir z.B. am Tag vor unserer Geburt oder einen Tag vor unserer Zeugung? Und wer werden wir sein, wenn wir körperlich nicht mehr anwesend sind? Gehört nur das, was bereits hinter uns liegt zu uns, oder ist die Zukunft auch ein Teil von uns? Gehört die Zukunft zu uns? Wenn ja, dann hätten wir keine Möglichkeit, uns zu verändern. Sollten wir aber ein Recht auf Veränderung haben, dann sind wir uns selbst noch weitestgehend unbekannt. Was, wenn wir nur noch einen Tag zu leben hätten? Ein Tag kann alles ändern! 80 Jahre liegen hinter mir. Achtzig Jahre, von denen ich weit mehr als 95 Prozent nicht mehr oder nicht mehr richtig erinnern kann. Und das, woran ich mich erinnern kann, sind Ablichtungen in meinem Kopf. Ablichtungen, die Gefühle auslösen. Die meisten Ablichtungen lösen jetzt ganz andere Gefühle in mir aus, als an dem Tag, an dem sie zu einer lebendigen Situation gehörten.

Das ist der Tag, um zu erkennen

Vielleicht erkenne ich erst am letzten Tag meines Lebens, dass ich mich niemals „wissen" werde. Vielleicht erkenne ich erst dann, dass ich schon immer bei mir war. Was „zwischen" mir stand, waren unendlich viele Ablichtungen von mir selbst. Ich habe mich für so viele Abbildungen gehalten, mich in so vielen gesehen und wiedererkannt und mich mit so vielen identifiziert. Immer hatte ich ein Bild von mir im Kopf. Ein Bild von dem, der ich bin und ein Bild von demjenigen, der ich sein will. Oft genug habe ich mich vergewaltigt, um in mir sehen zu können, was sich aus mir selbst heraus nicht darstellen wollte.

Ich bin nicht derjenige, der mir vom eigenen Personalausweis entgegen lächelt. (Für alle neu auszustellenden Ausweise ist das Lächeln übrigens verboten! Aber nicht, weil es „ungelächelt" authentischer wäre, sondern

weil die Gesichtsscanner und Identifikationsprogramme ein lachendes Gesicht schlechter interpretieren können). Und doch bin ich aufgrund des Bildes in meinem Ausweis wiederzuerkennen. Die, die nichts von mir und sich selbst wissen, würden sogar sagen, dass ich das bin!
Niemand hat mich bisher darauf hingewiesen, dass ich das, was ich dem Anschein nach bin, nicht sein kann. Zumindest nicht nur. Ganz im Gegenteil: Von Anfang an haben sich meine Eltern und Lehrer darum bemüht, mich davon zu überzeugen, dass ich mich mit einem „möglichst vorteilhaften" Bild von mir selbst identifizieren sollte.

Wer ist gemeint?

„Wenn du denkst, du seist der,
für den dich deine Freunde halten,
kennst du dich offensichtlich selbst nicht."
(Anthony de Mello)

Stellen wir uns folgende Szene vor: Hätte vor 50 Jahren ein kleiner Junge seinen Lehrer gefragt: „Herr Lehrer, wen meinen sie eigentlich, wenn sie mich immer wieder einen Taugenichts und Dummkopf schimpfen?", dann hätte der Lehrer ihn im besten Fall an den Ohren gezogen und gesagt: „Dich, du Dummkopf!" Alle hätten gelacht und der kleine Junge hätte keinen Mucks mehr gemacht. Seine Mutter hätte wahrscheinlich auch kein Verständnis für sein Verhalten gehabt. – Da kann „man" nichts machen. Obwohl der kleine Junge etwas ahnte, was die Erwachsenen schon lange vergessen hatten, wurde er schuldig gesprochen. So wie es aussah, blieb ihm nichts anderes übrig, als sich zu bessern. Schließlich merkte sich der Junge, dass solche Fragen unangenehme Konsequenzen nach sich ziehen. Er lernte, dass es unnütz ist, sich selbst auf den Grund zu schauen und wurde zu jemandem, der seinen Vorteil darin suchte, sich anzupassen.

Ein unwürdiges Märchen

Dieses schöne Märchen ist ein Märchen, an das die Welt nach wie vor glaubt. Wir opfern uns für dieses Märchen auf. Damit es weitererzählt werden und lebendig bleiben kann, müssen wir mit unseren anerzogenen Rollen identifiziert bleiben und uns gegenseitig bestätigen, wer wir sind.
Das Spiel der Personen ist deshalb ein so unwürdiges Spiel, weil es den Einzelnen nach seiner Rolle im Spiel bewertet. Das ist wie beim Schach. Da

gibt es Bauern und Könige. Der König wird geschützt, die Bauern werden leichtfertig geopfert. Das ist immer so. Dabei gibt es keinen König ohne Bauern. Tatsächlich gibt es weder den König noch die Bauern. Oder doch, es gibt sie – als Rollenspiel. Wenn ich ein Foto von mir habe, das mich mit Krone auf dem Thron sitzend zeigt, glaube ich noch nicht, dass ich ein König bin. Ich glaube es erst, wenn es die anderen auch glauben. Was ist das für ein merkwürdiger König, der erst glaubt, dass er ein König ist, wenn es die anderen auch glauben?

Macht

Jeder von uns ist wie ein König ohne Volk. Schließich ist der „echte" König ebenso klein und unbedeutend wie wir es sind. Allerdings weiß er weit besser als wir es wissen, dass er davon abhängig ist, was die anderen in ihm sehen. Dem Mächtigen ist vollkommen klar, dass er von der Macht abhängig ist. Deshalb hängt er ja so sehr an der Macht und tut alles, um sie sich zu erhalten. Zu allen Zeiten war ein König an der Macht. Zu keiner Zeit war es seine Macht. Die Macht ist ihm Kraft seiner Rolle verliehen worden. Ganze Heere setzen sich in Bewegung, wenn es der König befiehlt.

Identifikationen sind Ablichtungen einer Form von Realität, die es so nicht gibt und nie gegeben hat. Es liegt an uns, das zu erkennen. Es liegt an uns, alle überkommenen Bilder von uns selbst und der Welt aufzugeben. Dann darf es ruhig weiter Könige und Bettler geben, aber die Könige und Bettler werden gleichwertige Menschen sein. Dann wird das Spiel keine bitteren Konsequenzen mehr haben. Dann wir der König den Bettler fragen: „Darf ich mich morgen mal als Bettler verkleiden?" Woraufhin der Bettler sagt: „Dann werde ich dich in meinem Palast empfangen und dir eine ganz leckere Suppe kochen!"

Die Wahrheit wird euch frei machen!

Um frei zu sein, bedarf es der Wahrheit. Der Wahrheit über mich selbst. Das ist, was durch das Wort "Erleuchtung" angedeutet werden soll. Sie besagt, dass wir in Wahrheit frei sind. Wie jeder Mensch, wie jeder Stein, wie alles, was in diesem Universum zutage tritt. Andererseits kann mich nichts frei machen: Kein Job, kein Geld, keine Beziehung. Kein Umstand der Welt kann das bewerkstelligen. Denn alle Umstände sind dazu da, mich gefangen zu nehmen und zu binden. Schon deshalb, weil ich durch meine Wünsche meine Freiheit von den Umständen abhängig mache. Deshalb versuchen wir ja auf die Umstände einzuwirken.
Wenn wir nach der Freiheit suchen, lohnt es sich, tiefer zu schauen: Ich kann nicht durch etwas, sondern nur von etwas frei werden. Von meinen Illusionen. Oder frei von der Sucht, mich selbst in Szene setzen zu wollen. Frei selbst von dem Wunsch, dass ich endlich glücklich sein sollte. Freiheit im eigentlichen Sinne ist also ein negativer Zustand. Ich kann erkennen, dass mir nichts fehlt. Mit mir ist nichts falsch. Nichts muss, aber alles kann sich ändern. Jedes Gefühl und jeder Gedanke sind in Ordnung. Nicht, weil ich mir das suggeriere, sondern weil sie, wenn sie sich zeigen, schon da sind. Und das, was ist, darf sein.
Wer von der Freiheit gekostet hat, erkennt, dass er nicht einmal an seine eigene Meinung gebunden ist. Sie ist einfach die momentan vorherrschende Tendenz. Sie will mir etwas zu verstehen geben. Tendenzen sind weder richtig noch falsch. Sie weisen einfach darauf hin, dass da etwas ist.
Vielleicht entdeckst du, dass du ganz klein bist, löst dich in der Erkenntnis auf und verschwindest darin. Oder du erkennst, dass du alles bist, gehst über die Erkenntnis hinaus und findest dich in allem wieder.
Ist das nicht erstaunlich: Wir wissen, dass Energie nicht verloren gehen kann. Aber wir verstehen nicht, was das bedeutet und das nur deshalb, weil wir alles aus einer festhaltenden Perspektive heraus verstehen wollen. Und eben das ist unmöglich! Niemand außer Gott – der Kosmos – hat die Fähigkeit, als Erscheinung ins Leben zu treten. Und Gott – der Kosmos – kennt keinen Widerspruch.
Erleuchtung passiert, wenn du dem Passierenden nichts mehr entgegen zu setzen hast. Erst dann bist du frei zu tun, was durch dich getan werden soll. Unabhängig davon, ob es von Erfolg gekrönt sein wird ... Du hast keine Wahl mehr und wirst, wer du bist und immer warst: Ein kosmisches Werkzeug, dass dem Wandel unterworfen ist. Du wirst bei vollem

Bewusstsein neu geboren. Aber diesmal ohne Geschrei, nicht wie ein kleines Kind. Jetzt kennst du die Wahrheit und bist frei.

Den Verstand verlieren

"If you have a mind, you can lose it."
(Edward Podvoll, Psychiater und Psychoanalytiker, 1936-2003)

Den Verstand verlieren? Ja, natürlich, das ist möglich! Nur mich selbst kann ich nicht verlieren. Oder doch? Das kommt darauf an, für wen ich mich halte. Jedes Bild, das ich von mir habe, kann sich in nichts auflösen oder schlimmer noch – auf andere und vollkommen verwirrende Weise wieder zusammensetzten. Manchmal geht einfach sowas wie ein Schaltkreis kaputt, es gibt einen Wackelkontakt – und alles ist anders. Nur eines nicht. Ich. Ich bin und bleibe der Erleber der Welt. Welcher Welt auch immer ...
Da zeigt sich etwas. Aber zeigt es sich nur, wenn ich es sehe? Führt das, was in meinem Kopf vor sich geht, ein Eigenleben? Oder geht es nur vor sich, wenn ich es bemerke? Wie ist das z.B. wenn ich träume? Kann ein Traum sich nicht nur dann träumen, wenn jemand da ist, der ihn wahrnimmt? Könnte es nicht sein, dass in meinem Kopf gerade mehrere Träume gleichzeitig ablaufen, ich aber nur einen von ihnen wahrnehme – als meine Realität? Was ist dann mit den anderen Träumen? Finden sie überhaupt statt? Wer will das sagen, wenn niemand zur Verfügung steht, um es mitzukriegen?
Kann eine Tat ohne Täter stattfinden, oder ein Ereignis ohne Zeugen? Kann ich sehen, was nicht ist und nicht sehen, was ist? Ist es nicht so, dass ich das, was ich sehe, fühle und denke für wahr halte? Woher weiß ich dann, dass das, was passiert, der Wirklichkeit entspricht? Ich weiß es nicht. Aber das spielt für mich keine Rolle.
Zeichnet mich nicht aus, dass ich ein subjektives Empfinden habe und selbst ein Subjekt bin? Wer sich so fühlt, wie ich mich fühle, der muss mit mir identisch sein. Wer in der Lage ist, sich in mich hinein zu versetzen, der muss mir sehr ähnlich sein. Aber wer könnte sich in mich hineinversetzen? Kann ich mich mitnehmen und woanders hineinversetzen? Ist es mir möglich, dadurch ein anderer zu werden? Kann ich ein anderer sein? – Wer in mir erlebt, was ich erlebe?

Das Gedächtnis kann mir alles vorenthalten

Gedanken, an die sich niemand mehr erinnert, haben keine Relevanz. Ich weiß nicht mehr, was ich am 21.7.1982 gemacht, getan oder gedacht habe. Bestimmt ist der Tag irgendwo aufgezeichnet, aber ich habe keinen Zugriff auf die Daten. Das tangiert mich in keiner Weise. Es hat nichts mit mir zu tun. Das, was am 21.7.1982 geschehen ist, ist schon lange vorbei. Ich kann mich nicht mehr daran erinnern, es ist abgeschlossen. Allerdings kann das, was abgeschlossen ist, wiederkommen. Wenn ich mich daran erinnere, wird es reanimiert. So findet es ins Leben zurück. Dabei kann ich nicht darüber entscheiden, was zurückkommt. Ich kann nicht entscheiden, woran ich mich erinnern werde. Es funktioniert genau anders herum. Ich bin von meinen Erinnerungen abhängig, ich hänge von ihnen ab, vollkommen.

Was mir mein Gedächtnis vorenthält, ist für mich nicht existent. Irgendwie werde ich schon heißen! Wenn ich mich an nichts mehr erinnern kann, bin ich mir abhanden gekommen und verstehe gar nichts mehr. Dann machen Worte und Gedanken für mich keinen Sinn mehr. Und doch bin ich da. Selbst wenn ich es nicht (mehr) weiß! Ich bin mit und ohne Verstand hier. Und weil das so ist, kann ich den Verstand verlieren. Ich kann und werde alles verlieren. Nur nicht mich. Ich bin, was nicht verloren gehen kann.

Bin ich immer 400 Millisekunden zu spät?

Als ich noch ganz klein war, hatte ich kein Mitspracherecht. Über mich wurde bestimmt. Meine Eltern entschieden für mich und versuchten mir ihr Weltbild nahe zu bringen. Ja, so war das – aber das meine ich nicht.
Ich war einfach immer zu spät. Schwups – bevor ich es auch nur bemerkt hatte, war die Windel voll. Wenn mich da niemand rausholte, fing es irgendwann zu weinen an – oder auch nicht. Nicht einmal darüber hatte ich die geringste Kontrolle. Anders gesagt: Ich wusste noch nicht, dass es mich gibt, deshalb war mir auch nicht klar, dass es irgendwas zu kontrollieren gibt. Alles war einfach so: Es war lecker oder zu kalt, es war gemütlich oder unbequem, schön bunt oder sehr dunkel, vergnüglich oder ganz jämmerlich. Alles war fraglos so, wie es war. Irgendwann fing es in mir an, mich selbst wahrzunehmen. Ich habe das nicht gelernt – es ist passiert. Mir wurde klar, dass es mich gibt. Es wurde mir möglich, mich aus der Unmittelbarkeit des Augenblicks in eine andere Realität zu denken. Plötzlich konnte ich mir und dem Geschehen gegenübertreten. Nach und nach wurde aus mir jemand, der seine eigenen Ziele verfolgt. Fortan war mein oberstes Ziel, unabhängig zu werden.

Bin ich ein anderer?
Heute kann ich mich so anschauen, als ob ich nicht ich selbst sondern ein anderer wäre. Das ist etwas, was jeder, der sich der Welt der Erwachsenen zurechnet, beherrschen muss: Selbstkontrolle durch Reflektion.
Ich kann nicht mehr einfach wild los schreien, wenn mir etwas nicht passt. Heute brauche ich überzeugende Argumente. Statt mit Sandförmchen um mich zu werfen, habe ich gelernt mich der Sprache zu bedienen. Seither versuche ich, mich verständlich zu machen. Manchmal hilft mir die Sprache dabei, Konflikte zu lösen. Manchmal erschafft sie sie erst. Dann kann in mir der Gedanke aufkommen, dass ich besser geschwiegen hätte. Aber wer ist es eigentlich, der all das denkt? Und warum habe ich es mir angewöhnt, viele Gedanken vor mir und anderen zu verheimlichen?
Dass ich nicht alles ausspreche, was da gedacht wird, hat mehrere Gründe: Ich will niemanden „grundlos" verletzen. Ich will nichts in die Welt setzen, was ich nicht auch so meine. Ich kann auch nicht alles aussprechen, was an Gedanken in mir auftaucht. Dann würde ich unentwegt vor mich hin brabbeln und niemanden mehr zu Wort kommen lassen. Alle würden sich von mir abwenden. Deshalb: Die Gedanken müssen kontrolliert werden!

Der Physiologe Benjamin Libet ist als einer der ersten der Frage nachgegangen, ob wir überhaupt in der Lage sind, eigene Willensakte auszuführen. Heute sind sich die führenden Hirnforscher weitgehend darüber einig, dass uns unsere Schaltzentrale – das Gehirn – über seine Entscheidungen erst in Kenntnis setzt, wenn die dazu gehörigen Prozesse schon so gut wie abgeschlossen sind. „Wir" stehen ziemlich weit hinten im Glied und werden erst kurz vor Schluss eingeweiht.

Tue, denke und will – ich?!

Zwischen der Einleitung einer Aktion auf der neuronalen Ebene und dem „bewussten Willensakt" (ich denke, ich will) liegen etwa 400 Millisekunden. Diese kleine Ewigkeit ist uns das Gehirn voraus. Erst dann vermittelt es uns den Eindruck, dass wir selbst auf die Idee gekommen sind. Das geschieht, indem wir uns des Gedankens bewusst werden. Von diesem Augenblick an verstreichen noch einmal gut 200 Millisekunden, bis aus dem Gedanken eine Handlung werden kann. Dann tue ich (dies oder das) – oder lasse es bleiben.

Die entscheidende Frage ist, ob wir sklavisch an den Nervenbahnen hängen und jeden Impuls, der stark genug ist, auch ausführen müssen. Dann wären wir vollkommen determiniert und hätten keine eigene Stimme und somit kein Vetorecht. An diesem Punkt kommt zum Vorschein, was manche Leute in übertriebener Weise den „freien Willen" nennen. Keine Frage: Da ist eine Kontrollinstanz. Ich kann mich – wenn ich es kann! – kontrollieren. D.h. ich muss nicht jeden Gedanken zu Ende denken und in die Tat umsetzen. Aber eines kann ich nicht: den Gedanken rückgängig machen. Was sich mir zeigt, ist schon gedacht worden. Ich bin also nicht frei, zu denken, was ich will sondern gezwungen, mir alles anzuhören!

Für manche Gedanken übernehme ich nur allzu gerne die Autorschaft – für die großen, für die genialen. Auf die anderen bin ich nicht so wild und demzufolge weit weniger stolz. Ich bin allerdings weder genial noch voll daneben – und doch kann ich mich dafür halten. Kann ich das, oder muss ich das? Da frage ich mal kurz nach!

Flatrate im Kopf

Mein Gehirn meldet mir, dass ich das Drehbuch nicht kenne. Ich habe es nicht nur nicht geschrieben – angeblich weiß ich nicht einmal wer ich bin. Weiterhin wird mir mitgeteilt, dass ich vielleicht nur deshalb hier bin, um genau das herauszufinden. Das wäre doch schon mal was! Ich bedanke mich

für die Informationen und lege auf. Denke ich. In Wirklichkeit geht es weiter – ich kann nicht auflegen.
Ständig redet jemand mit mir – ungefragt. Er hat eine Flatrate und die vollen Zugriffsrechte auf das Gesamtsystem. Ich bin am anderen Ende der Leitung und muss mir das alles anhören. Tagsüber steht die Verbindung. Nachts legt mein Gegenüber immer Mal wieder auf. Dann fällt sogar ihm nichts mehr ein. Dann darf ich mich ausruhen und mehr oder weniger tief schlafen. Ich laufe sozusagen auf standby.
Habe ich als Zuhörer nicht auch die Möglichkeit aufzulegen? Das will ich gleich klären und frage nach. Die Zentrale teilt mir mit, dass ich mir denken könne, was ich will, ich sei doch unabhängig. Vielen Dank für die Information! Aber darum geht es mir nicht. Ich möchte wissen, ob ich auflegen kann. Daraufhin wird mir mitgeteilt, dass die Frage deshalb keinen Sinn ergibt, weil es meine eigenen Gedanken sind. – „Meine?!" Ich bin entsetzt und kann es nicht glauben. Ich bin doch nur das ausführende Organ!
Aus dem Nichts erhalte ich eine ungewöhnliche Mitteilung. 400 Millisekunden später geht sie bei mir ein und wird mir damit bewusst: „Okay, du hast es durchschaut. Du erlebst meine Welt. Du bist, was ich denke! Du bist der Raum, in dem ich meine Bahnen ziehe. Aber eins sage ich dir: Ich bin nicht nur deine Gedanken! Ich bin nicht nur in deinem Kopf. Ich bin überall, wo du zu sein glaubst. Ich bin der Erzeuger deiner Gefühle und damit weit mehr, als ich selber denken kann. Du wirst mich viel unmittelbarer verstehen, wenn du mich nicht nur in deinen Gedanken suchst." Das erschüttert mich.
Was für ein Wahnsinn! Dann sind das ja doch meine Gefühle und meine Gedanken! Natürlich kann ich dem Kind einen anderen Namen geben. Ich kann davon sprechen, dass sich mir Gedanken und Gefühle zeigen und mich fortan Gen-do nennen, aber das ändert nichts an der Tatsache, dass ich meine Welt erlebe! So wie es aussieht, soll ich die Erfahrung meines Lebens machen.
Ja, warum eigentlich nicht? Ich bin die Leitung, durch die ich zu mir selber fließe. Ich rufe mich selber an. Vielleicht hat Stevie Wonder das gemeint, als er sang: „I just call to say I love you." Wenn mir das vorherbestimmt ist, dann brauche ich kein Vetorecht.

Das ewige Leben

Das Leben kann nur hier und jetzt als die nie versiegende Quelle des auf ewig Neuen erfahren werden. Das, was keine zeitliche Ausdehnung hat, kann durch die Ansammlung von Zeit nicht erreicht werden. Ganz im Gegenteil: Alle Zeit der Welt hält uns davon ab, zu realisieren, dass das ewige Leben immer bei uns ist. Wenn ich nur einen Schritt vor oder zurück gehe, falle ich in die Zeit und aus der Ewigkeit. Aber nicht wirklich, sondern nur in Gedanken. Jenseits der Gedanken existiert nur Wirklichkeit.

Der Verstand hat uns an eine Form der Realität angepasst, die er verstehen kann. Dabei ist es möglich, den Verstand an die Wirklichkeit des Lebens „anzupassen". Wo das gelingt, sieht der Verstand ein, dass sich das Leben nicht vorwegnehmen lässt. Diese Einsicht kann dem Verstand immer nur jetzt dämmern.

Alles, was wir wissen und mit Sicherheit sagen können, kommt aus der Vergangenheit. Die Vergangenheit kann uns nicht überraschen, sie ist bekannt. Der Verstand liebt alles, was bereits festgelegt ist. Und damit geht er am Leben vorbei. Schließlich kennt die Vergangenheit keine Optionen. Sie ist abgeschlossen. Jeder von uns ist bis zu diesem Augenblick genau so gewesen, wie er sein musste. Das, was hinter uns liegt, kann im Nachhinein nicht mehr abgeändert werden. Es gibt keinen Grund, am Alten festzuhalten. Und es ist mehr als unangebracht, das Alte anzubeten. Trotzdem neigt der Verstand dazu. Und weil er dazu neigt, würde er die Zukunft gerne im Voraus wissen – sicherheitshalber. Damit wäre sie nicht mehr wert, erlebt zu werden.

Wir wissen nicht, was sich noch ereignen wird, und wir sollen es auch nicht wissen. Das ist gut so. Die Zukunft gibt uns einen Hinweis darauf, dass wir weit mehr sind, als wir von uns glauben oder genauer: Sie macht uns klar, dass wir uns und das Leben niemals wissen werden.

Das Leben lädt uns in jedem Augenblick dazu ein, an seiner Offenheit teilzunehmen. Es ist nicht abgeschlossen.

Vom Erwachen des integrierten Menschen

Alter Glaube – altes Wissen

Die Welt des Glaubens und die Welt der Wissenschaft wirken sich kollektiv auf uns aus. Dazu müssen wir selbst weder Priester noch Wissenschaftler sein. Während wir früher dazu angehalten waren, blind an das Weltbild der Kirche zu glauben, wird die Welt, in der wir uns heute befinden, immer komplexer. Es ist eine Welt, die wir in großen Teilen nicht mehr nachvollziehen können, eine Welt der Fachgebiete und Experten.

Dann sind da noch wir. Wir, die Menschen. Und dann ist da noch eine ganz stille Welt, die Welt der Natur. Es scheint fast so, als ob die Natur die einzige Welt ist, die sich selbst deshalb nicht verstehen muss, weil sie nicht zerrissen ist. Dass der Mensch die Natur zerstört, weißt darauf hin, wie krank er sich fühlt. Doch die Natur selbst wir dadurch nicht von sich selbst fortgerissen. Sie bleibt, was sie ist – natürlich, verbunden, frei fließend.

So wie es heute aussieht, scheint es darum zu gehen, eine neue Form der Natürlichkeit zu entdecken. Es geht nicht um das „zurück zur Natur" sondern darum, die vielen getrennten Welten in einer Welt aufgehen zu lassen bzw., zu erkennen, dass alle Welten im tiefsten Innern niemals getrennt voneinander existiert haben. In der miteinander verbundenen und von sich selbst durchdrungenen Welt, wird uns unsere wahre Natur – und damit die Liebe – zum ersten Mal bewusst.

In Bezug auf den Glauben heißt „ich ohne mich" – mir wird bewusst, dass der Glaube nur dann zur Erfahrung dessen, was ich wirklich bin, werden kann, wenn ich bereit bin, mich auf die Reise meines Lebens zu begeben, um für mich selbst zu entdecken, was es mit mir auf sich hat. In Bezug auf das Wissen heißt „ich ohne mich", dass ich solange nichts von Wert wissen werde, wie ich aus selbstsüchtigen Gründen wissen will. Wissen, dass andere ausschließt oder auf Kosten von anderen gewonnen wird, kann nicht zum Wohl der Menschen und der Wesen und damit auch nicht zu meinem eigenen Wohl sein. Das, was das alte Wissen seziert und voneinander getrennt hat, wird im neuen Wissen wieder vereinigt sein.

Auch wenn es nicht sofort ins Auge springt: Die alte Form des Wissens hat mit den überlieferten Formen des Glaubens eines gemein: Die Ausschließlichkeit. Der Ausschließlichkeitsanspruch wirkt sich äußerst zerstörerisch auf den Menschen und die Natur aus. Das Beharren auf die Richtigkeit der eigenen Methode trennt, was zusammengehört.

Der alte Glaube und das alte Wissen haben das Potential uns darauf aufmerksam zu machen, dass der Mensch bisher ein zutiefst gespaltenes Wesen ist. Vielleicht das einzige, das in dieser Weise existiert. Das Eingeständnis dieser immer offensichtlicher werdenden Tatsache ist die Voraussetzung für das Erwachen des integrierten Menschen. Nur der integrierte Mensch ist in der Lage, das Wissen mit dem Glauben zu versöhnen.

Die Kirche hat die Alleinheit Gottes in Verruf gebracht

Das Dogma ist nichts anderes als ein ausdrückliches Verbot zu denken.
(Ludwig Feuerbach, Philosoph, 1804 – 1872)

Die Kirche hat sich selbst diskreditiert. Wer „standhaft" ist, kann sich nicht weiter entwickeln. Und das, was sich weigert, sich immer wieder auf neue und ungeahnte Weise zu entdecken, entfernt sich vom Leben und versteinert. Das Dogma wird zur unumstößlichen Wahrheit und damit selbst zur lebensfremden Religion. Die dogmatische Wahrheit fühlt sich immer vom Sündhaften umweht. Sie droht mit Konsequenzen und fordert Gefolgschaft. Sie erzieht den Menschen zu jemandem, der nachbetet was ihm aufgegeben wird. Ein solcher Mensch kann schon deshalb nicht zu Gott finden, weil Gott Erkenntnis und nicht Gefolgschaft voraussetzt. Amen und in Gottes Namen? Nein, so ist es nicht!
Niemand weiß, was sich Gott von uns erwartet. Vielleicht erwartet er auch gar nichts. Vielleicht kann er auch erst dann zu Gott werden, wenn wir uns als nicht getrennt von ihm erkennen. Wirklich können wir erst sein, wenn wir unsere Gedanken durchschaut haben und freiwillig darauf verzichten, gut sein zu wollen. Wirklich können wir also erst dann sein, wenn wir uns eingestehen, dass wir nicht wissen, wer wir sind. Das macht die Religio (lat. Rückverbindung) erst möglich.

Das alte wissenschaftliche Weltbild verbietet sich Gott

Der Ungläubige glaubt mehr, als er meint,
der Gläubige weniger, als ihm scheint.
(Franz Grillparzer, Schriftsteller, 1791 – 1872)

Heute gibt es ein immer größer werdendes Kollektiv, dass sich am wissenschaftlich-objektiven Denken orientiert. Auf dieser Ebene verbietet es sich quasi von selbst, ernsthaft über Gott nachzudenken. Das ist schade! Heißt das im Umkehrschluss wirklich, dass das, worüber wir nicht nachdenken, nicht existiert? Oder positiv formuliert: Existiert der Urknall nur solange, wie wir ihn für plausibel halten? Ganz bestimmt! Auch der wissenschaftlich orientierte Mensch hat sein Glaubensbekenntnis. Er glaubt an das, was er für stichhaltig hält. Der Beweis ist ihm heilig! Und nur, was er beweisen kann, ist ganz bestimmt wahr. Alles andere existiert für ihn nicht wirklich, höchstens als Arbeitshypothese. Das gilt natürlich auch für den Urknall.

Die Frage ist allerdings, ob es überhaupt so etwas wie „objektives Wissen" gibt bzw. geben kann. Dazu müssten wir erst einmal wissen, wer die Untersuchungen durchführt, wer die Vermutungen anstellt und wer es eigentlich ist, der sich all das Wissen aneignen will. Wir müssten uns zu allererst mit uns selbst beschäftigen und uns im besten Falle selbst (er)kennen. Wir würden feststellen, dass es nicht nur keine Objekte, sondern auch keine Subjekte gibt. Zumindest nicht so, wie wir uns das vorstellen, nicht getrennt voneinander. Vielleicht ist das, was in einem tieferen Sinn als Gott bezeichnet werden kann, die Interaktion zwischen den objektiven und den subjektiven Ebenen der Wirklichkeit, also das, was sich zwischen der Welt des Sichtbaren und der Welt des Unsichtbaren abspielt.

Allmachtsphantasien – das menschliche Dilemma

Der Glaube ist, wie alle Gedanken, unsichtbar – aber das, was er hervorbringt, ist es nicht. Deshalb kann sich der Glaube so fatal auf die Welt auswirken. Es ist also absolut notwendig, sich mit demjenigen auseinanderzusetzen, der glaubt. Jemand, der an die Allmacht des Wissens glaubt, will das Wissen um jeden Preis. Er will es an sich reißen, koste es, was es wolle! Er will nicht länger Spielball der Umstände bleiben, sondern selbst zu Gott werden – zum universalen Lenker, zum allesbeherrschenden Bestimmer. Das liegt auf der Hand. Die Frage ist nur, ob Gott jemals die Rolle des universalen Bestimmers innehatte. Vielleicht denken das auch nur diejenigen, die selbst gerne omnipotent wären und Gott schon aus diesem Grund ablehnen müssen.

Der Mensch schließt von sich auf Gott. Er kann nicht anders. Das ist der Punkt. Und an diesem Punkt entzündet sich das menschliche (und nicht das göttliche!) Dilemma. Wenn wir über Gott sprechen, sprechen wir immer nur über uns selbst. Dasselbe gilt natürlich auch für unsere Urteile über ihn.

Harte Fakten vs. gefühltes Wissen

Wissenschaftlich orientierte Menschen sind gegen nicht nachvollziehbare, nebulöse Behauptungen ohne Quellenangabe äußerst allergisch. Ihnen behagt das „gefühlte Wissen" nicht. Wenn sie Behauptungen auf- bzw. Vermutungen anstellen, kennzeichnen sie diese fairerweise als solche. Sie können zwischen Wunsch und Wirklichkeit unterscheiden. Das problematische an „der Wissenschaft" ist jedoch, dass sie ihre Methode niemals hinterfragt – die ist objektiv und lässt nichts anderes gelten. Die wissenschaftliche Methode ist besonders da mehr als fragwürdig, wo es um die Erforschung des Lebens geht. Hier stellt sich eine überaus wichtige Frage: Ist das Leben überhaupt etwas, dass erfasst werden kann? Ist die wissenschaftliche Herangehensweise auch da angebracht, wo es nicht um Dinge geht?

Besonders problematisch ist, dass die menschlichen Qualitäten eines Wissenschaftlers bei der Ausübung seiner Arbeit keine Rolle spielen. Ein Biologe muss kein reifer und mitfühlender Mensch sein. Nicht jeder ist ein Planck, ein Einstein oder Dürr, zumal alle drei Physiker waren bzw. sind. Machen wir's mal konkret: Bis vor kurzem galt es unter Wissenschaftlern als höchst fragwürdig, ob Fische überhaupt Schmerzen empfinden können. Eine derart unglaubliche Frage kann sich nur jemandem stellen, der sich gegenüber den Fischen empfindungslos stellt und sie (und sich selbst) aus dem Lebenszusammenhang reißt.

Können Fische Schmerz empfinden?!

Dazu aus einem Aufsatz *„Schmerzempfinden bei Fischen – Stand der Wissenschaft" von Prof. Dr. habil. K. Schreckenbach und Dr. M. Pietrock aus dem Jahr 2005:*

„Die Fähigkeit von Fischen Schmerzen wahrzunehmen wird seit Jahrzehnten kontrovers diskutiert. ...

Einige Wissenschaftler vertreten die Meinung, dass Fische auf Eingriffe, die Menschen Schmerzen bereiten, ebenfalls Schmerzen verspüren müssten. Andere sind der Auffassung, dass die Unterschiede zwischen Menschen und Fischen zu groß sind, um Rückschlüsse auf ein Schmerzempfinden ziehen zu können. Und schließlich wird auch die Meinung vertreten, dass unsere Kenntnisse auf diesem Forschungsgebiet zu gering sind."

Für den Wissenschaftler, der alles über das Objekt wissen will, heißt das nichts anderes, als den Fisch zu verdinglichen, um ihm dann auf den Leib zu rücken. Dafür werden im Laufe einer Studie z.B. 30.000 Fische bei lebendigem Leib „auseinander genommen". Dann werden die gewonnenen Daten interpretieren und einem Fachpublikum kommuniziert. Kurz darauf werden sich Fachkollegen daran machen, eine weiterführende Studie vorzubereiten: Wieder 30.000 Fische ...
Egal zu welchem Schluss die Untersuchungen auch kommen mögen – alles, was aus dem Zusammenhang gerissen wird, muss letztendlich zu falschen Ergebnissen führen. Dabei spielt sich der Interpretierende als Gott auf. Er bildet sich tatsächlich ein, für das untersuchte Subjekt entscheiden zu können, wie es sich fühlt. Etwas Anmaßenderes kann es nicht geben. Hier zeigt sich: Eine verantwortungsvolle Wissenschaft kann nur von Menschen betrieben werden, die dem anderen das Recht am eigenen unversehrten Vorhandensein zugestehen. Wer das tut, ist grundsätzlich bereit, sich im anderen wiedererkennen zu wollen.

Wissenschaft und Selbsterforschung

Die wissenschaftliche Methode führt ohne gleichzeitige Selbsterforschung in die vollkommene Verdinglichung des Lebens und damit in die absolute Sinnlosigkeit. Die Wissenschaft erzeugt also nur deshalb so viel „kaltes Wissen", weil sie sich einer Methode verschrieben hat, die dem Leben nicht gerecht wird. Wie sollte es z.B. möglich sein, Freude zu beweisen oder Liebe oder Vertrauen oder Mitgefühl? Ganz zu schweigen von Gott ...
Kein Wissenschaftler würde bestreiten, dass das Wissen um die Dinge relativ ist und immer relativ bleiben muss. Was bis gestern galt, muss ab heute nicht mehr gelten – wenn es neue, qualitativ bessere Erhebungsmethoden und Beweismöglichkeiten gibt. Das ist übrigens ein Grund mehr, warum es äußerst angebracht ist, sehr vorsichtig und behutsam mit Lebewesen umzugehen! Bis vor kurzem galten Tiere der Wissenschaft ganz allgemein als äußerst primitiv und „dumm". Heute kommen wissenschaftliche Studien zu sehr erstaunlichen Ergebnissen, z.B. dazu, dass Krähen einfache grammatikalische Muster begreifen und Schachtelsätze verstehen können (Spiegel Online, 27.04.2006). Das kann manch ein Hauptschüler nicht. Der Zoologe Vincent Janik hat herausgefunden, dass sich Delfine ein Leben lang mit demselben „Namen" ansprechen (Welt, 9.05.2006). Auch wenn der ein oder andere das schön, niedlich oder sensationell finden sollte – wir wissen immer nur irgendwas. Wir sind

immer nur auf dem Stand der Dinge. Und der Stand der Dinge ist nicht in der Lage, dem Leben gerecht zu werden.
Wer wissenschaftlich arbeitet, ist, was die Ergebnisse anbetrifft, lern- und entwickelungsfähig. Das ist äußerst angenehm. Äußerst unangenehm ist, dass die wissenschaftliche Methode selbst bisher nie ernsthaft in Zweifel gezogen worden ist. Sie hat sich einen ebenso umfassenden Absolutheitsanspruch erarbeitet, wie einstmals die alles beherrschende Kirche.
Für die Fische ist die wissenschaftliche Herangehensweise deshalb mehr als problematisch, weil sie in den Untersuchungen über Fische nicht vorkommen. Der Fisch als Wesen wird vollkommen ignoriert. Die Idee, dass der Fisch ein göttliches Wesen sein könnte, ebenfalls. Er hat nicht das geringste Mitspracherecht, und er hat keine Fürsprecher. Wer sagt, dass hinter solchem Tun kein Glaubensbekenntnis steht, ist genauso fehlsichtig wie jemand, der zu wissen glaubt, was Gottes Wille ist.
Keine Frage: Sich gegenseitig im Glauben zu bestärken führt nicht zu Gott, es macht blind. Gott zu leugnen allerdings ebenso!
Oder wie es *Roland R. Ropers in der Einleitung zu „Liebe – Urquell des Kosmos“* so schön sagt*[3]: „Der menschliche Geist hat jede bewusste Intelligenz, jeden Zweck und jeden Sinn aus dem Ganzen abgezogen und ausschließlich sich selbst zugesprochen, um anschließend die Welt zur Maschine zu erklären.“

Wir sind Subjekt und Objekt zugleich
Oder: Alles, was wir tun, tun wir uns selbst an

Der wissenschaftliche Anspruch ist, objektiv zu sein. Dabei wird geleugnet, dass hinter dem Objekt immer ein Subjekt steht. Oder genauer gesagt: Dass das Subjekt weit über das Objekt hinaus geht und nicht ermittelt werden kann. Wer die Welt auf objektive Weise abbilden will, muss dem Subjekt das Recht auf seine Unversehrtheit absprechen. D.h.: Jemand, der sich nur auf den Verstand verlässt, entgleist ebenso leicht, wie jemand, der seine Ideen und Überzeugungen mit der Wahrheit verwechselt.
Fakt ist, dass jedes Individuum zugleich Subjekt und Objekt ist. Dabei ist meine Position als Subjekt zugegebenermaßen ziemlich schwach.
6 Milliarden Menschen sehen in mir zunächst einmal nichts als ein Objekt. Deshalb sagen sie „du“ zu mir! Ich bin der einzige, der „ich“ zu mir sagt. Mit „du“ meinen sie aber „nicht ich“. – Das heißt zu allererst einmal: Du bist

[3] Verlag Herder Freiburg, 2008, S. 17

nicht das, was ich sehe, denke, fühle oder will. Du bist ein anderer. Du gehst mich eigentlich nichts an. Das ist das Dilemma der Fremdheit. Es bestimmt weitestgehend unser Denken. Es ist sehr einfach, jemandem, der mir fremd ist, Schmerzen zuzufügen. Darüber zu spekulieren, ob er sie auch empfinden kann, grenzt an Blasphemie.

Buddha, Jesus, Mohammed und abertausende von klarsichtigen Geistern waren sich des Dilemmas der empfundenen Trennung vollkommen bewusst. Ohne das Dilemma hätte sich keine der Weltreligionen entwickeln können. Da sich der Mensch seither aber nicht grundlegend gewandelt hat, sind die Religionen selbst zum Dilemma geworden.

„Die wissenschaftlichen Aufklärer" haben uns im späten Mittelalter innerhalb weniger Generationen aus den Fängen der zum damaligen Zeitpunkt selbstherrlich-willkürlichen „Heiligen Kirche" befreit. Doch statt die Zeichen der Zeit zu erkennen und sich ihrer eigentlichen Aufgabe – „der Erneuerung des Menschen" – zu besinnen, hat die Kirche ihre letzten Bastionen verteidigt und ihre ureigenste Aufgabe bis zum heutigen Tag nicht wiederentdeckt. Die ureigenste Aufgabe jeder wahren Religion besteht darin, den Menschen wieder mit sich selbst zu verbinden oder anders gesagt: Gott den Menschen (wieder) zugänglich zu machen. Wir können uns selbst und der Welt gegenüber nicht teilnahmslos bleiben. Tatsächlich können wir die Trennung nur dann überwinden, wenn wir erkennen, dass es zwischen uns und der Welt keinen grundlegenden Unterschied gibt.

Gott passiert

Es reicht nicht, die Welt verstehen zu wollen. Das kann schon deshalb nicht „funktionieren", weil der Verstand ein integraler Bestandteil des menschlichen Geistes ist. Und der Mensch als solcher ist ein integraler Bestandteil dieses Universums. Nicht mehr und nicht weniger. Da, wo sich Subjekt und Objekt berühren, da, wo ich mich im Anderen erkenne, ist Gott, da ist die All-ein-heit. Da brauche ich Gott nicht mehr als etwas außerhalb von mir seiendes zu suchen, nicht mehr an ihn glauben und ihn auch nicht mehr unterwürfig anbeten. Da muss ich mir aber auch nicht mehr beweisen, dass es ihn – und damit die All-ein-heit – nicht gibt.

In dem Moment, in dem das Subjekt und das Objekt wirklich zueinander finden, passiert Gott den Raum, der er selber ist. Er erscheint sich gewissermaßen immer wieder selbst und erkennt sich vollkommen an. In diesem Erkennen wird die Schönheit vollkommen (an)erkannt.

Dann ist da kein anderer Wille mehr. Dass ist nicht zu verstehen. Daran brauche ich aber auch nicht „blind“ zu glauben. Ich kann es erfahren. Vielleicht ist das der einzige Grund, warum wir hier sind.

Ohne Empathie zerfällt die Welt

Das Weltbild der modernen Physik

„Es ist erstaunlich, dass die Wissenschaft auf dem falschen Weg erkennt, dass sie gar nicht auf dem richtigen Weg ist."
(Hans-Peter Dürr, geb. 1929, Quantenphysiker, Träger des Alternativen Nobelpreises)

Hans-Peter Dürr sagt in seinem Buch „Liebe – Urquell des Kosmos"[4]: In meiner Weltsicht gibt es nichts fundamental Wesentliches, was den Menschen innerhalb der Wirklichkeit vom Übrigen unterscheidet, den Menschen von der Natur trennt. Im Gegensatz zum alten, mechanistischen Weltbild, wo alles, sogar die lebendige Natur mit Ausnahme des Menschen, einer Maschine gleichen soll ... wird im Weltbild der neuen Physik umgekehrt eine immaterielle, nicht auftrennbare, fließende Verbundenheit der Welt zum eigentlichen Fundament. ... Die Wirklichkeit ist ein kreativer Kosmos."

Das Leben selbst ist nicht mechanisch. Es ist kein trostlos ablaufendes Programm. Das, was zwischen uns passiert, ist das Entscheidende. Wenn wir immer nur etwas tun, um etwas anderes zu erreichen, kann das Entscheidende schon deshalb nicht passieren, weil wir dann so gut wie nie anwesend sind und immer nur auf unsere Gedanken treffen.
Ohne Mitgefühl wird die Welt im wahrsten Sinne des Wortes in Stücke gerissen. Das jemand, der kein Mitgefühl hat, auch kein Unrechtsempfinden entwickeln kann, ist offensichtlich. Wenn wir etwas oder jemandem unser Mitgefühl verweigern, entehren wir ihn als Geschöpf und erheben uns über ihn und seine Bedürfnisse. Das einzige Bedürfnis, dass für mich dann noch von Bedeutung ist, ist meins. Alles andere bedeutet mir dann nichts mehr. Dann bin ich vollkommen einsam, unendlich arm und an meine Gedanken verloren. Da, wo nur noch Gedanken von Bedeutung sind, wird mir das Leben absolut bedeutungslos. Auf lange Sicht führt eine solche Sicht in die Selbstzerstörung und auf der kollektiven Ebene zur „Weltzerstörung". Eine an die Gedanken verlorene Existenz ist nicht lange auszuhalten.

---

[4] Verlag Herder Freiburg, 2008, S. 40

Schweigend und frei von Zweifeln

Ist das nicht überaus erstaunlich: Während die Vergangenheit und die Zukunft für das „praktische Leben" von elementarer Wichtigkeit sind, haben sie hier und jetzt keine Bedeutung! Ziemlich ähnlich verhält es sich mit der „alten Wissenschaft" die das materiell-mechanistische Weltbild geprägt hat. Die wissenschaftliche Methode, die nur das Objektive gelten lässt, ist ungemein praktisch. Sie ist so praktisch, weil sie einwandfrei funktioniert. Ihr „Gott" ist die einwandfrei arbeitende Maschine.

Die Welt, in der wir heute leben, wäre ohne ihre „Errungenschaften" eine vollkommen andere. Und doch beschreibt uns die Welt, die auf dem alten wissenschaftlichen Weltbild beruht, immer nur eine Welt, die nicht wirklich gegenwärtig ist – eine äußere und objektive Welt. Die rein objektive Welt ist eine Welt, in der ich mich als ganzer Mensch nicht wiederfinden kann.

Der Herrscher und Erzeuger der objektiven Welt ist der Verstand. Er ist der „Objektivierer", der mich als seiende Wesenheit nicht anerkennt. Ich habe in den Betrachtungen des Verstandes deshalb keinen Platz, weil ich nicht dingfest zu machen bin. Und das, was nicht dingfest zu machen ist, spielt für den Verstand keine Rolle. Genauer: Das, was ich als Essenz bin, kann vom Verstand weder betrachtet noch verstanden werden.

Der Verstand ist dazu da, auf der Grundlage von Informationen zu operieren. Dafür bedarf er eines Koordinatensystems, das aus Zeit und Raum „besteht". Der Verstand denkt die Zeit in den Raum – und schon hat er ein fast unendliches Territorium, in dem er sich frei bewegen kann, den Zeitraum. Gestern, vor sieben Jahren, in drei Wochen. Das klappt einwandfrei.

Nur der Verstand sucht nach Orientierung

Der Verstand braucht Zeit und Raum, um sich orientieren zu können. Aber Raum kann nur da sein, wo es auch Objekte gibt. Und so sieht sich der Verstand zunächst einmal einer Ansammlung von Gegenständen gegenüber. Sie befinden sich mehr oder weniger gedrängt im Raum. Zwischen den Objekten befindet sich „nichts".

Das „Nichts" ist somit der Raum, der die Objekte umgibt. Durch die Oberflächen der einzelnen Objekte grenzt sich „das Substanzielle" gegen das „Nichts" ab. So sieht es für denjenigen aus, der sich orientierungslos fühlt und sich daher orientieren will.

Keine Frage: Die Arbeit des Verstandes ist für unser Überleben von entscheidender Bedeutung. Aber wir werden nur überleben, wenn wir erkennen, dass die Realität des Verstandes nur einen ziemlich kleinen Teil der Wirklichkeit abbildet. Der weitaus größere „Teil“ der Wirklichkeit kann überhaupt nicht abgebildet werden. Er findet in dem Raum statt, den der auf die Objekte gerichtete Verstand nicht wahrnehmen kann. Aus dem „Nichts“ heraus erneuert sich die Welt. Das „Nichts“ ist notwendig, um uns immer wieder von der Betrachtung des Konkreten zu lösen. Nichts ist so, wie es zu sein scheint. Auch das Konkrete hat ein Recht darauf, sich zu wandeln. Nur das, was immer wieder auf neue Weise angeschaut wird, kann immer wieder in den Raum treten und sich uns erneut vermitteln.

Was der Verstand für höchst hypothetisch hält, ist tatsächlich immer im Bereich des Möglichen und damit potentiell gegenwärtig. Allerdings ist das, was er für gegenwärtig hält, so gut wie immer hypothetisch. Das liegt daran, dass der Verstand nur auf der Grundlage von Spekulationen und Hypothesen arbeiten kann. Seine Aufgabe besteht ja eben darin, sich etwas vorzustellen, etwas abzuleiten oder anzunehmen, das nicht wirklich so ist.

Mit dem Verstand ist alles in Ordnung. Was nicht in Ordnung ist, ist, dass wir uns von ihm haben einreden lassen, dass er die Welt in Ordnung bringen kann. Das kann er nicht. Der Glaube an seine Zweifel erzeugt erst die Gedankensucht. Wenn er vollkommen still und sehr aufmerksam ist, kann er erkennen, dass die Welt in einer vollkommenen Ordnung ist.

Die Welt ist in einer Ordnung, die den Verstand bei weitem übersteigt. Und das ist, was sich ihm durch Schweigen übermitteln kann. Der schweigende Verstand unterstellt sich bereitwillig der Ordnung und wird zum Wohl der Wesen wirken. Ein solcher Verstand ist zweifelsfrei und somit frei von allen Zweifeln.

Die Läuterung

Die Kirche hat den Menschen zum Sünder erklärt. Die Wissenschaft hat dem Menschen seine Bedeutungslosigkeit in einem zufälligen und damit bedeutungslosen Universum aufgezeigt. Während der Sünder heuchelnd zu Kreuze kriecht, erkennt der bedeutungslose Mensch die Freiheit, die in seiner angeblichen Bedeutungslosigkeit liegt und tut, wonach ihm der Sinn steht. Das ist das Spannungsfeld. Freiheit heißt heute in ersten Linie: Ich kann machen, was ich „will“ – wenn ich es mir leisten kann. Diese Form der Freiheit wird nur durch Gesetze eingeschränkt. Wer Gesetze mehrfach oder auf schwerwiegende Art und Weise übertritt, dem wird die Freiheit entzogen. Oder anders gesagt: Alles, was nicht ausdrücklich verboten ist, ist erlaubt.

Dass durch Zwang niemand geläutert wird und durch Verurteilung niemand zur Einsicht kommt, ist offensichtlich. Einsicht ist die Voraussetzung für die Läuterung und die Läuterung setzt eine Freiheit voraus, die keine Grenzen kennt. Ich kann die Einsicht haben, dass ich frei bin, mich zu wandeln. Ich bin immer wieder neu. Ich bin nicht mehr der, der verurteilt worden ist. Was für eine Erlösung!

Geläutert habe ich Einsicht in meine wahre Natur. Wo sich die Einsicht durchsetzt, kann niemand mehr gegen sie verstoßen. Die Freiheit, die Möglichkeit eines Verstoßes in Betracht zu ziehen, wird als Unfreiheit erkannt. Oder anders: Die Freiheit, sich selbst zu verletzen, existiert nicht. Wer sich selbst verletzt, steht unter Zwang.

Geläutert kann ich nicht mehr dazu gezwungen werden, gegen mich zu verstoßen. Geläutert bin ich frei. So frei, dass ich in der Möglichkeit, gegen mich selbst zu verstoßen, keinen Vorteil mehr erkennen kann. Tatsächlich bin ich so frei, dass ich eine solche Möglichkeit nicht mehr „brauche".

Die grenzenlose Gestalt der Beziehungsfelder

Das Wesentliche findet zwischen uns statt

Die moderne Physik hat uns die Türen zu einer Realität aufgeschlossen, die dem Menschen, der auf die Welt wie auf ein verdinglichtes Etwas schaut, unverständlich und abwegig zu sein scheint. Die Erkenntnis ist, dass Materie selbst nicht aus Materie besteht und damit letztendlich nicht greifbar ist. Das, was sich im „Inneren" der Atome befindet, ist keine Substanz und hat keine Substanz. Die Teilchen, aus denen Atome bestehen, die Elementarteilchen, bestehen ihrerseits nicht wieder aus Teilchen. Vielmehr sind und bilden sie „Beziehungsfelder". Die Materie verschwindet und was übrig bleibt, ist so etwas wie eine eingeprägte Gestalt. Das Zusammenspiel ist, was von Bedeutung ist.

Auf uns übertragen heißt das: Nicht du bist wichtig oder ich. Wichtig ist, was zwischen uns passiert. Das kann Liebe sein oder Hass. Das, was zwischen uns stattfindet, zeigt an, ob wir den Sinn in uns selbst gefunden haben. Die alles entscheidende Frage ist, ob wir auf sinnhafte Weise mit „anderen Bewusstseinsfeldern" in Beziehung treten können oder ob wir den Sinn in uns nicht finden und deshalb auf unsinnige Weise in Beziehung treten und dementsprechend unsinnig handeln müssen.

Liebe befindet sich an keinem Ort, sie ist zwischen uns. Sie ist das, was sich fließend vermittelt und nur so seine Wirkung entfalten kann. Zurückgehaltene Liebe kristallisiert und wird zu etwas, das sich nicht mehr zwischen den Feldern hin und her bewegen kann. Kristallisierte Liebe ist gar keine Liebe, denn die Liebe ist immer in Aktion. Sie befindet sich an keinem Ort, sie verbindet Orte.

Orte dienen der Liebe lediglich als Ausgangspunkte. Ich bin in erster Linie keine auf einen Körper begrenzte Person, sondern ein fortwährend stattfindendes Ereignis, das sich im Raum verströmt. Um das, was sich da verströmt, darum geht es.

Die Gestalt der Welt

Die Gestalt der Welt ist ein fließender Prozess, der fortwährend ineinander auf- und übergeht. Es gibt keine voneinander unabhängigen Formen. Und doch sieht es für denjenigen, der an einer bestimmten Form hängt, so aus. Das identifizierte Wesen wünscht sich Beständigkeit. Es will auf ewig mit dem Leben verbunden sein und weiß doch nicht, was das bedeutet. Solange es glaubt, an eine bestimmte Erscheinung gebunden zu sein, wird es den

Kern seiner selbst nicht „erreichen" und demzufolge Angst „um sein Leben" haben. Dabei haben wir das Potential, zu erkennen, dass wir ewig sind. Seiend, frei und ungebunden.
Das, was dem identifizierten Menschen zugrunde liegt, ist bewusste Anwesenheit. Darum geht es – um die bewusste Erkenntnis, anwesend zu sein. In welcher Form, das wird sich immer wieder aufs Neue zeigen. Formen sind nicht dazu da, in die Ewigkeit einzugehen, sondern in ihr aufzugehen. Jede Form ist von Anfang an ein Hinweis auf die Gestalt des unsagbaren EINEN. Alles, was kommt ist dazu da, über sich selbst hinaus zu gehen. Wenn das geschehen ist, erscheint es gewandelt wieder. Die Anwesenheit erlebt sich als die fortwährende Verwandlung des EINEN Lebens. Immer wieder.
Der identifizierte Mensch ist so sehr in das Bild, das er von sich „gewonnen" hat, verwoben, das seine ganze Aufmerksamkeit davon gefangen genommen und absorbiert wird. Das Selbstbildnis des identifizierten Menschen hindert ihn daran, weiter zu kommen. „Weiter", heißt in diesem Zusammenhang, über das falsche und stark limitierende Selbstbildnis hinaus. Hinaus aus sich, dem Unsagbaren entgegen.
Ein Mensch, der sich mit seinem Körper, seiner Erscheinung oder etwas umfassender formuliert, mit seiner Gestalt, verwechselt, ist ständig damit beschäftigt, sich selbst zu inszenieren. Alles, was er tut und denkt, ist immer auf ihn selbst bezogen. Er ist auf Wirkung aus. Er will wirken. Das ist absolut verständlich. Schließlich will er, dass die Welt ihn wahrnimmt und auf ihn reagiert. Dafür ist er in aller Regel bereit, jede Anstrengung auf sich zu nehmen. Auch die schmerzhaftesten Zurückweisungen können den identifizierten Menschen nicht davon abhalten, weiterhin eine Wirkung erzielen zu wollen. Dabei ist das, was wir wirklich wollen, endlich geliebt zu werden.
Schließlich ist es ja gerade der Schmerz der erlebten Nichtliebe, der uns zurückgedrängt hat. Aus der Weite eines glücklichen und zweifellosen Daseins in die Form unserer Gestalt, in unseren Körper und zu guter letzt in die Form – und damit in das Gefängnis – unserer Gedanken. Wir wurden durch Konditionierungen an die Welt der Normen „angepasst". An eine Welt, in der jeder jemand zu sein hat! An eine Welt, in der alles voneinander getrennt zu sein scheint und festgelegt ist. Die Möglichkeit, weiterhin in einem stark ausgedehnten Zustand zu leben, bestand nach unserer Geburt nicht mehr.

Der ausgedehnte Seinszustand wird für gewöhnlich nur noch in der Liebe erinnert und Liebe ist nicht gerade das, was sich durch die identifizierten Wesen auf diesem Planeten ausdrückt. Unter „Identifizierten" ist die Liebe zu einer reinen Privatangelegenheit geworden.
„Ich liebe dich" heißt allgemeinhin immer noch – exklusiv. Nur dich und keinen anderen. Im Prozess der Individualisierung haben wir vergessen, dass das Wesen der Liebe allumfassend und ausgedehnt ist. Liebe, die sich auf niemanden im Speziellen bezieht, macht für ein stark identifiziertes Wesen wenig Sinn. Schließlich würdigt so eine Liebe niemandem im Speziellen, sondern das Leben an sich. Für den Liebenden ist das Leben heiliger als Gott. Oder vielleicht besser: Für ihn und durch ihn ist Gott lebendig.

Geburt und Krieg

Nach unserer Geburt blieb uns zunächst nichts anderes übrig, als uns zurückzuziehen. Die Geburt selbst war schon ein Teil des Rückzugs. Als wir das Tageslicht erblickten, war es mit der Einheit vorbei. Sehr schnell hat sich uns eine sehr widersprüchliche Welt gezeigt. Wir wurden mit „der Realität" konfrontiert.
Die Realität wird von Menschen gestaltet. Zur Gestalt der Realität tragen in erster Linie identifizierte Sichtweisen bei. Was immer die Menschheit in der Welt zu sehen glaubt, das wird die Welt für uns sein. Die Gestalt der Welt hängt vollkommen davon ab, wie wir auf die Welt schauen.
Wenn wir an den Krieg glauben, dann wird sich der Krieg im Ausdruck zeigen. Und wenn wir kollektiv erkennen, dass wir aufgrund unserer Sichtweisen den Krieg legitimiert haben, wird niemand mehr da sein, der an ihm festhalten will.
In dem Augenblick, in dem ich den Wert der selbstlosen Liebe wirklich erkenne, verschwindet der Krieg aus meinen Gedanken. Und so hört der Krieg auf, eine Option zu sein. Dann kann ich in einem Vulkanausbruch oder einem Erdbeben kein Krieg mehr sehen. Oder darin, dass Löwen Antilopen jagen. Ich kann den anderen nicht mehr dafür missbrauchen, den Krieg zu legitimieren. Wenn ich die Liebe entdeckt habe, kann ich selbst dann nicht mehr daran glauben, dass der Krieg als Option zum Leben gehört, wenn sich alle(s) im Krieg miteinander befinden. Und doch kann ich vollkommen bestürzt sein.
Krieg bedeutet die Bestätigung der Trennung unter allen Umständen. Er ist die Aufrechterhaltung der Trennung mit allen Mitteln. Der Krieg kann uns

klarmachen, wie weit trennende Gedanken gehen können und wozu sie im Extremfall bereit und in der Lage sind. Uns wird immer nur vor Augen geführt, woran wir als Einzelne und im Kollektiv glauben.

Vom Wesen der Ganzheit

Oder wie uns Identifikationen gefangen nehmen

Indien, Simbabwe, USA – hinter diesen drei Wörtern befinden sich drei Welten. Jedes Land, eine Welt und in jedem Land Millionen von Welten. ICH wohnt in einer Wellblechhütte und in der 5th Avenue. ICH weiß, wie es ist, zu verhungern und ICH weiß, wie es ist, sich von allem gelangweilt zu fühlen und deshalb immer mehr zu brauchen. – ICH bin die Instanz, die jedes Leben erfährt, und meine Aufgabe besteht darin, mir dessen bewusst zu werden. Der Andere, das Andere – so ging das Spiel bisher. Das Spiel, das Trennung heißt und deshalb so bitter schmeckt.
ICH bin dabei, aus der tiefen Trance der Identifikation aufzuwachen. ICH erwache aus den mannigfaltigen Identifikationen, die ICH angenommen habe. ICH BIN, wer dir Identität verleiht. Und ICH habe mich getäuscht – in mir. Vielleicht ist es auch so, dass ICH mich habe täuschen lassen. Natürlich war da niemand, der (M)ICH täuschen wollte. Es ist einfach passiert.
Da war plötzlich die Möglichkeit, zu leben. Plötzlich war es da – das unendliche und überfließende Leben. Von niemandem erwartet, habe ICH mich in unendlich vielen Manifestationen vorgefunden. ICH bin gerade erst dabei, das Mysterium meines Vorhandenseins zu begreifen. Und das ist, was gerade passiert. ICH fange an, mich in allen nur denkbaren Gestalten wiederzuerkennen. Wo ICH auch hinschaue, da erkenne ich mich.
Wenn du intuitiv erahnst, dass du nicht auf die Person begrenzt bist, die du zu sein glaubst, habe ICH mich in dir schon geregt. ICH spiegele mich in deinen Augen. Deine Augen sind dazu da, (M)ICH in allem wiederzuerkennen. ICH bin gerade dabei, mich von dem Wahn zu befreien, dass ich nur in einer einzigen Form ICH SELBST sein kann.

Eingesperrt in der eigenen Welt

Ich kann das Gefühl haben, im eigenen Körper eingesperrt zu sein. Besonders dann, wenn ich mich krank fühle oder wenn der Körper nicht mehr richtig funktioniert. Oder wenn ich auf andere Weise keine Freundschaft mit meinem Körper schließen kann. Und irgendwie ist das auch so: Wir sind auf unseren Körper angewiesen. Ohne ihn ist es nicht möglich, auf der Ebene von lebendigen Erfahrungen anwesend zu sein.
Natürlich sind wir anwesend. Und weil das so ist, nehmen wir unseren Körper wahr. Die uns innewohnende Aufmerksamkeit schenkt uns das Erleben des Lebens. Wenn wir uns der Aufmerksamkeit nicht bewusst sind,

wird sie sich fast ausschließlich von Dingen angezogen fühlen, die sich um den Körper drehen. Dann verhält es sich mit der Aufmerksamkeit wie mit einer Sonne, die ihr Zentrum verloren hat, um sich fortan um ihre Planeten zu drehen. Ohne Zentrum würde sie kraftlos sein und instabil durch den Raum taumeln. Keine Sonne würde so etwas jemals „tun". – Die Planeten kreisen um die Sonne. Die Sonne ist das Zentralgestirn! Sie macht es da hell, wo es sonst dunkel bleiben würde. Und doch kann die Sonne unentdeckt bleiben.
Unentdeckt bleibt sie dann, wenn sie nicht bemerkt, dass alles Licht von ihr ausgeht. Was sich auch zeigt, kann sich nur zeigen, weil da Licht ist, das Licht der Sonne. Oder im übertragenen Sinne – Aufmerksamkeit. Wenn die Aufmerksamkeit nicht auf sich selbst aufmerksam wird, fühlt sie sich magisch vom Körper und den Dingen, die den Körper umgeben, angezogen und taumelt körperbezogen durch den Raum. Taumelnd gewinnt sie den Eindruck, dass sie an den Körper gebunden ist. Schließlich wird die Aufmerksamkeit zu dem Schluss kommen, dass sie selbst ein „Teil des Körpers" ist. Wo das so ist, hat die Aufmerksamkeit die Tendenz, sich zerstreuen zu wollen. Denn es ist äußerst unangenehm, sich so begrenzt zu fühlen und das Leben aus dieser Begrenzung heraus (er)leben zu müssen.

Deine zweite Geburt

Das Prinzip der Liebe hat uns in Erscheinung treten lassen. Das gilt es zu entdecken. Aber das ist nicht alles. Die Liebe hat uns auch die Möglichkeit geschenkt, das Prinzip der Liebe in uns selbst (und als uns selbst) zu realisieren. Wir sind, um zu entdecken, dass wir wirklich sind! Und wirklich können wir erst sein, wenn wir die Furcht (vor uns selbst) überwunden haben. Die Überwindung der Furcht ist, was Liebe bedeutet.
Die Welt, die sich denken und verstehen lässt, repräsentiert eine von uns erdachte Form der Wirklichkeit – die Realität. Die Realität geht nicht über unsere Gedanken hinaus. Sie ist nur da, wenn wir aus einer bestimmten Position heraus auf das Leben schauen. Wir sind in einer von Gedanken dominierten Welt gefangen. Diese Position ist es, die uns vom Leben und damit von der Liebe trennt. Die Realität, in der wir leben, spiegelt unsere wahre Natur nicht wieder. Kollektiv scheint es ein immer größer werdendes Bedürfnis zu geben, sich vor dem Leben in Sicherheit zu bringen. Der menschliche Plan wird immer umfassender, unser Leben deshalb immer komplizierter.

Es kommt einer Sisyphus-Aufgabe gleich, das Bewegliche unter Kontrolle halten zu wollen. Das Schicksal des Sisyphus ist es, vergeblich zu leben. Sisyphus ist das Sinnbild für den Menschen, der das Leben an seine Prinzipien verrät und es deshalb nicht für sich entdecken kann. Menschen wie Sisyphus gehen immer weiter in die einmal eingeschlagene Richtung. Sie nennen das konsequent. Und das ist, was von uns verlangt wird – wir sollen realistisch sein, realistisch und abgeklärt. Wir sollen an eine erklärbare Welt mit definierten Bedingungen glauben und uns im Rahmen unserer Möglichkeiten entwickeln. Dabei können wir entdecken, dass wir die Möglichkeit haben, zum Leben zu kommen. Wir brauchen es Sisyphus also nicht gleichzutun!

Wir kommen zum Leben, wenn wir anfangen, ihm zu vertrauen. Das soll nicht heißen, dass wir unserem Nachbarn blind vertrauen sollten!

Das wirkliche Leben ist vornehmlich dazu da, erlebt und nicht gedacht zu werden. Es steht jetzt zur Verfügung und niemand muss sich darauf vorbereiten. Es ist fast so, als wolle es uns zurufen:

„Lebe wild und gefährlich!"
(Arthur Schnitzler, Dramatiker, 1862 – 1931)

„Bereite dich nicht auf mich vor, sonst wirst du mich wieder und wieder verpassen. In dem Augenblick, in dem du mich findest, wirst du ein zweites Mal geboren. Geboren in eine Welt, die nicht mehr von dir zu trennen ist."

Das Leben will

Das Leben will! Alles! Sein Wille besteht darin, das, was möglich ist, auszudrücken. Wenn gerade nur Amöben ausgedrückt werden können, geschieht das. Wenn es möglich ist, ein Wesen auszudrücken, das sich des Wollens bewusst werden kann, wird ein Wesen ausgedrückt, dass sich des Wollens bewusst werden kann. Ob dieses Wesen der Mensch ist, wird sich schon sehr bald zeigen. Wenn es der Mensch sein sollte, dann wird er zu einem Bewunderer des Lebens werden und ganz von alleine aufhören, gegen das Leben zu arbeiten. Ansonsten wird der Mensch, ohne sich den Lebenswillen vergegenwärtigt zu haben, vom Erdboden verschwinden.

Der Wille des Lebens zeigt sich in der Kraft zu wachsen. Überall, wo Leben möglich ist, will es sich entfalten und zur vollen Blüte kommen. Auch wenn es auf ungünstige Bedingungen trifft, schlägt das Leben kein Angebot aus. Der Same, der auf steinigen und trockenen Boden fällt, wird sich, wenn es nur den Hauch einer Chance gibt, öffnen. Alles in ihm sehnt sich danach, in den Fluss des Lebens einzutauchen. Er will von der Lebenskraft durchströmt werden, die latent in ihm schlummert. Und das auch, wenn der aufgegangene Same als kleines Pflänzchen verkümmert. Die Chance zu leben ist jetzt da. Der Wille des Lebens zu leben kennt keinen Aufschub und keine Bedenken.

Alles will zum Leben hin und sich ganz vom Leben durchdringen lassen. Das Fatale ist, dass sich der Lebenswille seiner selbst nicht bewusst ist. Er ist einfach, als Grundvoraussetzung sozusagen. Ohne den Willen zum Leben könnte das Leben keinen Augenblick lang sein. Der geringste Zweifel an seiner Absicht würde es davon abhalten, sich als Existenz in die Existenz hinein zu entfalten. Denn nirgendwo sind die Bedingungen für das Leben optimal. Dem Leben bleibt gar nichts anderes übrig, als sich an die vorherrschenden Bedingungen auszuliefern.

Die Frage ist, ob ein Wollen, dass sich seines Wollens nicht bewusst ist, überhaupt als Wille bezeichnet werden kann. Offensichtlich ist, dass alles, was vom Leben durchdrungen ist, am Leben hängt. Egal unter welchen Umständen. Da, wo die Lebensbedingungen besonders schlecht sind, gibt es keine besonders hohen Selbstmordraten, im Gegenteil. Besonders hohe Selbstmordraten sind dort vorzufinden, wo Leistungsdruck und exzessives Denken vorherrschen, also dort, wo der Lebensstandard besonders hoch ist. Das lässt zumindest erahnen, dass der Lebensstandard nichts mit dem Lebensglück zu tun hat. Oder anders gesagt: Gesellschaften, in denen der

Lebensstandard besonders hoch ist, haben sich generell besonders weit von der ursprünglichen Lebenskraft und dem Willen zu Leben entfernt. Da, wo der „Leistungswille“ vorherrscht, ist die Leblosigkeit (Depression) sehr viel stärker ausgeprägt als da, wo von der Hand in den Mund gelebt wird. Vielleicht lässt das wirkliche Leben den „modernen Menschen“ deshalb mehr oder weniger kalt – weil es nicht gedacht werden kann.
Das Leben ist nichts, worüber sich referieren lässt. Es ist das Prinzip, dass gelebt werden und in einem zweiten Schritt vergegenwärtigt werden will. Jedes Kind weiß mehr vom Leben als wir. Aber es weiß nicht, dass es mehr vom Leben weiß. Es weiß also gar nicht mehr vom bzw. über das Leben, sondern es wird noch sehr viel unmittelbarer vom Leben berührt. Negativ formuliert könnte man auch sagen: Es wird noch sehr viel direkter vom Leben beherrscht.
Das Leben drückt sich durch ein kleines Kind auf sehr unmissverständliche Weise aus. Deshalb will sich das kleine Kind bewegen, deshalb kann es so verzaubert sein, sich einer Sache ganz widmen und sie dann vollkommen vergessen. Deshalb kann ein kleines Kind noch ganz „doll“ weinen und ganz doll lachen – eben total. Es hat noch nicht gelernt, sich selbst zu beherrschen und zu distanzieren. Sich beherrschen heißt also immer auch, sich vom Leben zu entfremden. Der (von sich) entfremdete Mensch neigt dazu, sich und das Lebendige in sich zu unterdrücken.
Es kann nicht darum gehen, das Kind zum Ideal zu verklären. Obwohl Kinder sehr viel näher am Leben dran sind, ist ein Mensch, der Kind bleiben will, jemand, der sich weigert zu wachsen. Und das widerspricht dem Willen des Lebens.

Das bewusste Kind

Ein Mensch, dem das Leben bewusst geworden ist, wird auf einer „höheren Ebene“ wieder zum Kind. Vielleicht zu so etwas wie zu einem bewussten „Erdenkind“. Das bewusste Kind ist sehr wohl fähig und in der Lage sich zu beherrschen, aber es wird nicht gegen das Leben herrschen. Das bewusste Kind weiß, dass es lebendig ist. Es kann das Leben innerhalb und außerhalb von sich selbst spüren und wird im Großen und Ganzen vom Leben bewegt. Durch das bewusste Kind wird sich das Leben des Lebensprinzips bewusst und findet so ganz zu sich. Das Leben erkennt durch das bewusste Kind, dass es gewünscht und ganz gewollt ist. Natürlich war das auch schon vorher so, aber jetzt wird es ihm bestätigt und erst dadurch wird das Leben vollkommen angenommen. Die Zuversicht, die vom Leben ausgeht, spiegelt

sich in den Augen des bewussten Kindes wider und wird von ihm als die Grundlage von allem erlebt.
Wenn das Leben mehr sein möchte, als eine Ansammlung von Amöben, dann hängt es auf dieselbe Weise vom bewussten Kind ab, wie das bewusste Kind vom Leben abhängig ist. Allerdings kann das Leben, ohne sich seiner Anwesenheit bewusst zu sein, diese Entscheidungen überhaupt nicht treffen. Ohne Bewusstsein steuert das Unbewusste das Leben nach einem Willen, der dem Leben nicht frei zugänglich ist. Das ist wie bei uns: Die Herkunft der meisten Handlungen und Stimmungen, die sich in uns vollziehen, sind uns unbekannt und nicht frei zugänglich, also unbewusst. Im Falle des Lebens stellt das Unbewusste allerdings kein Problem dar, weil das Lebensprinzip immer will und mit nichts ein Problem hat. Das Sterbende und das, was schon gestorben ist, fällt ins Leben zurück. Da ist nichts, das dauerhaft tot sein oder dauerhaft an sich festhalten könnte. Deshalb kann es für uns nur darum gehen, die Lebensprinzipien zu erkennen und sie uns frei zugänglich zu machen. Wo das geschieht, ist das Bewusstsein mit dem Leben vereint.

„So ist es!" gibt es nicht

Das Leben ist immer ungewusst. Es braucht das „Vielleicht" sehr viel mehr, als den Beweis. Wir können uns vor dem Leben einfach nicht in Sicherheit bringen. Um sich bewegen zu können, muss es so oder so sein dürfen. Das Leben kann es sich leisten, sich selbst zu widersprechen. Natürlich widerspricht es sich nur aus der Perspektive desjenigen, der bestimmte Prinzipien unter allen Umständen verteidigen und so das Leben unter Kontrolle halten will. Dabei ist ein Mensch, der Prinzipien anbetet, geistig so gut wie tot. Für so einen Menschen steht das Gesetzbuch über dem Leben.
Die Prinzipienverehrung hat unter uns Menschen eine vordergründige Ordnung geschaffen und dazu geführt, dass wir das Leben immer öfters wie einen standardisierten Prozess erfahren. Durch Standardisierungen wird das Bewegliche in fassbare Gedankenformen gebracht. Auf dieser Ebene scheint es wünschenswert, das Leben zu kategorisieren. Auf dieser Ebene fällt das Urteilen über das Leben, über den anderen und uns selbst überaus leicht.
Dabei gibt es ein „so ist es!" im Leben nicht. Das, was heute richtig ist, kann sich schon morgen als falsch erweisen. Das Leben selbst ist die Variabilität, die sich immer wieder an die Situation anpasst. Schließlich kann das Leben nur überleben, wenn es lebendig bleibt und flexibel ist.

Jemand, der versucht, dem Leben seine Geheimnisse auszutreiben, befindet sich in einer geistigen Starre, an die er das Leben anpassen will. Der konservative Mensch ist ein Mensch mit konserviertem Geist. Wenn sich das, was einst lebendig war, weigert einzusehen, dass es nicht mehr lebendig ist, kann die Idee der Konservierung wie ein letzter Ausweg erscheinen. Durch die Konservierung kann etwas gerettet werden, was sonst dem Verfall anheim gefallen wäre. Natürlich ist das Konservierte nicht mehr lebendig und deshalb grau. So tot und grau, wie das Fleisch in einer Konservenbüchse. Aber nichts desto trotz ist es immer noch da! So, wie Lenin in seinem Mausoleum. Solange er da aufgebahrt liegt, darf sich sein Körper nicht wieder auf neue Weise mit den lebendigen Elementen verbinden. Und so glaubt der Betrachter wirklich, dort den aufgebahrten Lenin zu sehen. Was Lenin war, soll Lenin bleiben und wenn es nur der Form nach ist.
Durch die Konservierung verweigert sich der angestaubte Geist dem Leben. Er verweigert sich ihm, weil er sich vor einem Leben fürchtet, dass weder vorausgesehen werden kann noch berechenbar ist. Und so ist es nicht weiter verwunderlich, dass der konservative Geist nicht mit dem, sondern gegen das Leben will. Sein eingebildeter Stolz verbietet es ihm, über die ihm bekannte Form von sich selbst hinaus zu wachsen.

Die Gedanken vom Leben wandeln lassen

Das Leben kann sich uns nur erschließen, wenn wir offen dafür sind, es zu leben. Dafür müssen wir bereit sein, von unseren geistigen Einbildungen zu lassen. Statt das Leben an die Form unserer Gedanken anzupassen geht es darum, die Form unserer Gedanken vom Leben wandeln zu lassen.
Ich bin dazu da, vom Leben zu lernen und dazu das, was das Leben will, bewusst nachzuvollziehen. Ich bin, weil es so sein soll, und meine Aufgabe besteht darin, mich dem Leben zur Verfügung zu stellen. Das passiert von ganz alleine, wenn ich keinen Widerstand mehr leiste.
Dann wird erlebt, dass nicht nur alle Gedanken sondern auch alle Formen im Fluss sind. Sie fließen, greifen ineinander und gehen dadurch über sich selbst hinaus. Bei genauerem Hinsehen wird deutlich, dass keine Form die Möglichkeit hat, „sie selbst" zu sein. Nur das, was sich mit Formen identifiziert, ist „es selbst". „Es selbst" ist das Bewusstsein, das sich vorübergehend in einem viel zu kleinen Rahmen mit einer bestimmten Form identifiziert.
Zunächst sucht sich das Bewusstsein eine Basis, von der aus es agieren kann. Diese findet es im menschlichen Körper. Und weil es sie dort findet,

zwängt es sich in den viel zu kleinen Rahmen und schaut von dort aus auf die Welt, die ihm erschienen ist. Aus dieser verzerrten und viel zu engen Perspektive heraus, versucht das identifizierte Bewusstsein, die Welt für sich selbst in eine Ordnung zu bringen, die es nachvollziehen kann. Und so macht es sich daran, die Welt auf eine Weise zu arrangieren, die es für plausibel hält. Dieser Eingriff erzeugt alle Unordnung auf der Welt. Er ist von vornherein zum Scheitern verurteilt. Wenn das Bewusstsein erkennt, dass es eine Perspektive eingenommen hat, die dem Leben nicht gerecht wird, wird es uns auf etwas sehr viel Größeres aufmerksam machen. Dann entpuppt sich die Identifikation des Bewusstseins mit einem spezifischen Körper als Ausgangspunkt für die Entdeckung des Lebens an sich.

Segen und Fluch des Selbstbewusstseins

Das ganze Leben ist klar – nur das Leben des Menschen ist es nicht. Das liegt in erster Linie daran, dass dem Menschen das Wollen des Lebens noch nicht wirklich bewusst geworden ist.
Wenn aus dem unbewussten Willen des Lebens der bewusste Willen zu leben wird, ist der Widerstand aufgehoben. Anders gesagt: Nur der Widerstand gegen das Leben, so wie es ist, hindert uns daran, den Lebenswillen als unseren eigenen zu realisieren.
Jenseits des Widerstandes fließen wir dahin, wohin das Leben fließen will. Wir fließen mit. Auf diesem endlosen Weg lässt sich der Wille des Lebens realisieren. Nicht als ein „Aha, jetzt weiß ich, was das Leben von mir will". Das wäre statisch. Das würde uns wieder aus dem Fluss des Lebens nehmen. Nein, die Realisation lässt uns für immer im Fluss des Lebens sein.
„Jetzt weiß ich, was das Leben von mir will und mache mein Ding", würde uns sofort wieder rausholen. „Mein Ding" gibt es in der bewussten Anwesenheit nicht mehr. „Mein Ding" wird als die Illusion erkannt, die mich vom Leben getrennt hat. Die Trennung war notwendig. Jetzt ist sie es nicht mehr.
Jetzt kann ich ohne große Mühe, und ohne mir darüber den Kopf zu zerbrechen, erkennen, was es mit dem Selbstbewusstsein auf sich hat. Das ist jetzt vollkommen offensichtlich. Ich erkenne den Fluch und den Segen, der vom Selbstbewusstsein ausgeht. Ohne Selbstbewusstsein gibt es nur die Inszenierung, die sich als Leben zeigt, aber kein Drama und keine Konflikte. Die Inszenierung des Lebens läuft unter Ausschluss eines Publikums ab. Das Leben passiert, ohne dass jemand mitbekommen würde, *was* da passiert. Es gibt einfach keinen Zuschauerraum.
Ohne Selbstbewusstsein nimmt sich das Leben nicht zur Kenntnis. Es ist vollkommen vital und präsent, weiß aber nichts davon. Da ist weit und breit niemand, der das Leben darauf hinweisen könnte, dass es ist. Und dann, völlig unvermutet – das Wunder. Etwas tritt dem Geschehen gegenüber und wird dadurch zu jemandem, der nicht ganz im Geschehen ist. Er wird zu einem Betrachter, der davon ausgeht, dass er in die Handlung eingreifen kann. Er wird zum eingebildeten Regisseur der Inszenierung. Statt zu bezeugen, was da auf der Bühne vor sich geht, schreit er seine Kommentare immer öfter aus dem Zuschauerraum in Richtung Bühne. Er involviert sich in das Schauspiel. Aber eben nur ein bisschen und nicht total.

Hinter Königen und Sklaven steht dieselbe Kraft

Da ist jemand, der im Zuschauerraum sitzt. Und dieser Jemand träumt davon, auf die Bühne zu dürfen. Als jemand, der es allen anderen zeigt. Als König oder Schönheit oder Weltenretter. Oder er glaubt auf der Bühne jemanden zu erkennen, eine geliebte Seele, einen Heilsbringer oder jemanden, zu dem er sich ganz einfach hingezogen fühlt. Dadurch entsteht der Konflikt. Statt dem Schauspiel aufmerksam zuzuschauen und mitzubekommen, dass die Könige auf- und wieder abtreten, dass hinter den Königen und hinter den Sklaven dieselbe Kraft, das Leben, steht, träumt sich der Zuschauer immer intensiver in bestimmte Umstände und Kleider und Situationen hinein. Dabei vergisst er sich zu fragen, wer er eigentlich ist. Wer ist derjenige, der zu wissen glaubt, welche Rolle er spielen sollte? Wer ist derjenige, der zu wissen glaubt, wie das aufgeführte Stück weitergehen sollte? Was demjenigen, der zu wissen glaubt, entgeht, ist, dass das Leben sich selbst mit großer Leichtigkeit und ohne Angst um sich selbst inszeniert.

Der Willen des Lebens kann erst dann erkannt werden, wenn er bewusst gemacht worden ist. Dazu bedurfte es an einem bestimmten Punkt in der Zeit eines Wesens, das sich fremd fühlt. Die treffendste Metapher dafür ist die Vertreibung aus dem Paradies (und sie erkannten, dass sie nackt waren ...). Ohne das Gefühl der Fremdheit hätte sich das Selbstbewusstsein nicht entwickeln können. Aber das Selbstbewusstsein, so wie wir es kennen, war nie dazu gedacht, etwas wie einen Endpunkt darzustellen. Das Selbstbewusstsein ist lediglich eine Phase im Bewusstsein, die überwunden werden will. Das Paradies wartet immer noch auf unsere Rückkehr. Aber die, die zurückkehren werden, werden nicht mehr diejenigen sein, die ausgezogen sind. Das lässt das Leben nicht zu. Oder anders gesagt: Das entspricht nicht dem Willen des Lebens.

Weibliche Rezeptivität

Der Willen des Lebens war und ist es, sich selbst zu erkennen. Dafür war das Leben sogar bereit, das Paradies aufzugeben. Wen kann ein Paradies kümmern, dass niemand erlebt? Eines, in dem vom Baum der Erkenntnis nicht gegessen werden darf? Das Paradies der Pflanzen und Kühe ist für Wesen, die sich ihrer selbst bewusst geworden sind, viel zu klein. Allerdings wird das selbstbewusste Wesen Mensch erst dann wieder ins Paradies finden, wenn darin genügend Platz für Pflanzen und Kühe und alles, was existiert, ist.

Die Art und Weise, auf die das Selbstbewusstsein bisher ge- und erlebt worden ist, ist von Egoismus und Egozentrik geprägt. Sie ist trennend und hart. Gut, für faktische Strenge und um Konflikte zu schüren. Gut für Krieg und männliche Dominanz. Für die Reunion mit dem Leben bedarf es eines eher rezeptiven, eines eher weiblich selbstbewussten Wesens. Eines Wesens, das sich mit der Schöpfung freut und die Kraft des Lebens empfangen kann. Das ist sehr viel weniger ein körperlich orientierter, als ein geistiger Vorgang.

Der Willen des Lebens wartet darauf, dass der Mensch seinen Platz im Zuschauerraum aufgibt, um wirklich am Leben teilzunehmen. Nicht nur gedanklich, nicht nur hin und wieder, nicht nur um den eigenen Willen durchzusetzen, sondern um sich das Leben vollkommen zu vergegenwärtigen. Aus keinem anderen Grund ist der Mensch zum Selbstbewusstsein befähigt worden. Das Selbstbewusstsein, das sich zwanghaft um die eigene Person – den eigenen Körper und die eigenen Gedanken – dreht, ist ein „Auslaufmodell". Es war notwendig, um uns auf ziemlich unsanfte Weise von unserer eigenen Anwesenheit in Kenntnis zu setzen. Die haben wir nun. Von hieraus geht es im Fluss des Lebens weiter.

Emanation und Integration

Die Liebe, die ich selber bin,
hat mich dazu angeregt, mich zu verströmen.
Ich zeige mich mir selbst. Immer wieder.
So lange, bis ich mich in jeder Form erkannt und vollkommen angenommen habe.
Die Rückkehr zu mir selbst ist nicht nur möglich,
sie ist nicht zu vermeiden!

Es geht nirgendwo hin

Um mich sehen zu können, muss ich die Gelegenheit haben zurück zu schauen. Dann erinnere ich mich an das, was ich zu sein glaube – eine Geschichte. Ich bin das, woran ich mich erinnern kann und das, woran ich von anderen erinnert werde. Ich bin nicht einfach nur hier. Ich lebe als ein Sammelsurium. Um überleben zu können, verdichtet sich das Sammelsurium zum „Ich der Person". Das Ich der Person ist von einem raumzeitlichen Rahmen umgeben, über das hinaus es sich nicht ausdehnen kann. Und wenn die Zeit abgelaufen ist, zerbricht der Rahmen und mit ihm entschwindet das Bild in die Unendlichkeit. Es sei denn, ein Ahnenforscher ruft einen lange vergessenen Namen zurück in den Raum. Natürlich wacht davon niemand wieder auf. Aber etwas wird wieder zum Leben erweckt. Plötzlich hängen wir in einer Ahnengalerie. Über uns werden längst vergessene Geschichten erzählt. Reine Erfindungen. Sie haben nichts mit dem lebendigen Menschen von einst zu tun. Sie haben mit überhaupt nichts zu tun – außer mit dem Ahnenforscher und seiner Phantasie.

Das Privatuniversum der galaktischen Ahnenforscher

Das machen die galaktischen Ahnenforscher – die Astronomen – auch. Wenn sie in die Tiefen des Weltraums schauen, sehen sie, was schon lange nicht mehr wirklich ist – die Vergangenheit. Mit dem Hubble-Teleskop können Astronomen mehrere Milliarden Lichtjahre entfernte Galaxien beobachten. Was sie da sehen ist nicht etwa, wie sich die Galaxien heute zeigen, sondern wie sie sich vor Milliarden von Jahren gezeigt haben. – Die Reisegeschwindigkeit des Lichts, die Lichtgeschwindigkeit, beträgt gut 300.000 Kilometer in der Sekunde. Und mit dem Licht rasen die Gedanken durch den Raum und phantasieren sich ein ziemlich phantastisches Universum zusammen.

Wenn heute jemand aus einer Entfernung von etwa 2000 Lichtjahren auf die Erde schauen würde – genau, Jesus und das Kreuz ... Wäre der Beobachter ein bisschen näher an der Erde dran, könnte er sich ein Bild von der „heiligen Inquisition" und den ebenso heiligen Kreuzzügen machen. Das wäre Geschichtsunterricht live. Und doch: Alles, was wir aus der Entfernung wahrnehmen, sind nichts als durch den Raum irrende Bilder!

Wenn wir uns die vergilbten Fotografien unserer stocksteif dastehenden Urgroßeltern anschauen, sehen wir ja nicht etwa unsere Urgroßeltern, sondern Papierabzüge. Aus der richtigen räumlichen Entfernung betrachtet,

wird die Fotografie aus dem Jahr 1898 allerdings gerade erst gemacht. Das ist kein gedankliches Spiel, sondern raumzeitliche Wirklichkeit. Allerdings kann uns die raumzeitliche Wirklichkeit auf gedanklicher Ebene ziemlich stark verwirren.
Dabei ist alles eigentlich ganz einfach: Zeit und Raum sind eins. Sie lassen sich nicht voneinander trennen. Die Zeit, die etwas braucht, um den Raum zu durchschreiten, wird Geschwindigkeit genannt. Wenn wir Geschwindigkeit aufnehmen, sehen wir, was nicht hier ist. Dabei ist nichts schneller als unsere Gedanken. Und so sehen wir fast immer nur, was nicht wirklich *und* gegenwärtig ist. Gedanken zeigen uns ihre eigene Wirklichkeit. Sie benutzen die Gegenwart nur, um sich woanders hin zu denken.
Wenn die Wirklichkeit (z.B. unsere Urgroßeltern sitzen am Kaffeetisch) mit der Gegenwart (wir essen jetzt mit ihnen Urgroßmutters Lieblingskuchen) zusammenkommt, sind wir am Puls der Zeit und der ist hier. Wir leben aber fast ausschließlich in einem mental-visuellen Universum – unserem Privatuniversum. Dass wir fast ununterbrochen im Irgendwo unseres Privatuniversums unterwegs sind, fällt uns deshalb kaum jemals auf, weil dass alle anderen Menschen mit uns gemein haben. Wenn jemand, der 1898 gestorben ist, plötzlich neben uns im Lehnstuhl sitzen würde, nur weil wir gerade an Ihn gedacht haben, würden wir an unserem Verstand zweifeln. Wir würden die physische Gegenwart der Person für eine Halluzination halten. Allerdings finden wir es überhaupt nicht merkwürdig, dass wir ständig an Dinge denken, die nicht gegenwärtig sind. Wir befinden uns fast durchgehend zwischen allen Stühlen und halten das für ganz normal.

Jesus ist an meine Gedanken ausgeliefert

Dabei kann kein Augenblick ein zweites Mal auftauchen. Wenn wir uns mit etwas beschäftigen, dass nicht mehr zur Türe reinkommen kann, beschäftigen wir uns mit etwas, das nur noch von unserem herumgeisternden Verstand für wirklich gehalten wird.
Auch wenn ich Jesus glasklar vor mir stehen sehe – den Körper, den er vor 2000 Jahren auf den Ölberg geschleppt hat, kann ich nicht mehr berühren. Glücklicherweise kann Jesus nicht noch einmal gekreuzigt werden. Nur in Gedanken – da wird er es selbstverständlich immer wieder ...
Jesus ist an meine Gedanken ausgeliefert. Er ist mein Opfer. Er muss so sein, wie ich ihn mir gerade denke. Natürlich hat das nichts mit ihm zu tun. Zum Glück muss er meine Gedanken über ihn nicht mehr erleben!

Jemand der gerade sieht, wie Jesus gekreuzigt wird und ihm zur Hilfe kommen will, muss die Distanz von 2000 Lichtjahren in weniger als keiner Zeit überwinden. Das ist verkörperten Wesen nicht möglich. Nur der „Reine Geist“ kann den Raum in weniger als keiner Zeit überwinden. Er kann es, weil er alle Bilder los ist und deshalb an nichts gebunden ist.

Teil II

Gedankenanstöße

Wir werden für die anderen Erdenbewohner zum Problem

Haben wir die Pflicht, unsere Art zu erhalten oder geht es darum wirklich anzukommen? Es gibt das hübsche Konzept der Reinkarnation. Es besagt in etwa, dass wir solange wieder geboren werden (müssen), bis wir unser höchstes Potential entfaltet haben, „perfekt“ oder erleuchtet sind. Wenn es um die spirituelle Höherentwicklung und Selbstverwirklichung gehen würde, dann stellt sich die Frage, warum immer mehr Menschen geboren werden und nicht immer weniger.

Ich bin mir nicht so sicher, ob der Mensch von heute spirituell gesehen ein sehr viel höher entwickeltes Wesen ist als derjenige, der 3500 v. Chr. das Wagenrad erfunden hat. Oder sind wir spirituell gar zurückgefallen? Technisch gesehen haben wir große Fortschritte gemacht, aber spirituell scheint kaum einer das Klassenziel zu erreichen. Woran liegt das?

So, wie wir leben, gehen wir unseren Mitwesen jedenfalls gehörig auf die Nerven. Wir haben uns von ihnen und unserer Umwelt vollkommen abgetrennt. Und dabei werden wir immer mehr. Als Jesus die Bergpredigt hielt, fühlten sich auf der Erde ungefähr 300 Millionen Menschen heimisch. Als das Volk dank Martin Luther endlich verstehen konnte, was in der Bibel steht, hatte sich die Zahl der menschlichen Erdenbewohner noch nicht einmal verdoppelt. Mit der industriellen Revolution begann das Bevölkerungswachstum zu explodierten. 1950 tummelten sich schon 2,5 Milliarden Menschen auf unserem Planeten und im Jahr 2000 waren es mehr als 6 Milliarden! Während sich die Bevölkerung früher etwa alle 1500 Jahre verdoppelte, tut sie es heute alle 36 Jahre – und das von einem schwindelerregend hohem Niveau aus. Die Zahl der Menschen wächst exponentiell! Der Wartesaal hat sich dramatisch gefüllt. Gequetscht, wie die Sardinen in der Dose, warten wir auf die Erlösung und schnappen dabei immer verzweifelter nach Luft.

Wenn wir davon ausgehen, dass alle Wesen erst einmal zu Menschen werden müssen, hätten wir natürlich eine einleuchtende Erklärung für das Phänomen der Überbevölkerung. Aber wie wahrscheinlich ist es, dass sich der Zierfisch aus Nachbars Aquarium eines Tages mit dem Weberknecht aus unserem gemeinsamen Fahrradkeller vermählen wird? Wer glaubt ernsthaft, dass sie eines Tages ein gemeinsames Kind in den Kindergarten schicken werden?

Sehr viel wahrscheinlicher ist, dass die Bevölkerung so rasant wächst, weil wir die falschen Prioritäten setzen. Um ehrlich zu sein: Ich halte es für ziemlich vermessen, uns den Spinnen oder Zierfischen als Vorbild anzubieten. Mir scheint, dass alle nichtmenschlichen Erdenbewohner ein ihnen entsprechendes Leben führen. Natürlich nur die, die von uns nicht dazu gezwungen werden, gegen ihre Art zu leben. Da sind wir wahrscheinlich schon an einem ziemlich entscheidenden Punkt: Was geht in jemandem vor, der Tiere, bevor er sie verbrät, unter unwürdigen Bedingungen hält? Was geht in einer Spezies vor, die den Planeten der sie ernährt, kollektiv missachtet? Was geht in einer Menschheit vor, die auf entwürdigende Weise über sich und das Leben denkt? – Könnte es nicht sein, dass das exponentielle Bevölkerungswachstum ein Zeichen dafür ist, dass wir uns um die falschen Dinge kümmern? So viele, vom Menschen verursachte Inkarnationen des Leidens stehen in den Ställen. Künstlich befruchtete Muttertiere, denen die Kälber aus den Leibern gerissen werden, um schnell zu viel Fleisch zu werden. Achtlos gezeugte Wesen in einer sinnlos gewordenen Welt. Vielleicht ist das, was uns kollektiv fehlt, nichts anderes als Liebe.

Reproduktion um jeden Preis?

Es gibt ein ausgeprägtes Reproduktionsprogramm in uns. Die meisten Menschen auf dieser Erde wollen sich, ob bewusst oder unbewusst, fortpflanzen. Sie wollen weitergeben, was sie „sind". Wie uns heute erklärt wird, sind das in erster Linie „unsere" Gene. Die, die das einfach so – also planlos machen, leben meistens in materiell sehr viel schlechteren Verhältnissen als wir. Wenn „man" sich über seine Zukunft keine Gedanken macht, kommt sie einfach mir nichts dir nichts zur Tür rein und legt uns fest. Bei vielen Menschen tauchen die Kinder wie aus dem Nichts auf. In vielen Kulturkreisen gehören Kinder aber auch schlicht und ergreifend dazu. In den armen Regionen der Welt werden sie oft aus Gründen einer fehlenden Altersvorsorge in die Welt gesetzt. Fundamentalisten und andere konservative Geister glauben wiederrum, dass Gott an ihren großen Familien Gefallen findet. – „Bei uns" sieht das ganz anders aus.

An Orten, wo Frauen und Männer nicht mehr in ihren traditionellen Rollen gefangen sind, wird viel mehr geplant und reflektiert – und verdient. Vielleicht ist es auch anders herum: Überall, wo mehr reflektiert wird, fallen Frauen und Männer aus ihren traditionellen Rollen und finden auf andere Weise wieder zusammen. Überall wo das so ist, werden sehr viel weniger

Kinder geboren. An solchen Orten wird auch am längsten gelebt, am meisten Angst gehabt und im Alter am längsten vor sich hinvegetiert. Kurz – wo die Familienbande nicht mehr funktionieren, wird der Mensch auf sich selbst und seinen Wahnsinn zurück geworfen. Wie er das „auf sich selbst zurückgeworfen sein" meistert, und ob er sich darauf überhaupt einlassen kann, entscheidet vielleicht darüber, ob er, in welcher Gestalt auch immer, wiederkommen muss. Natürlich nicht als er, sondern als ein anderer.

Träume ziehen Wiedergeburten magisch an

Hin und wieder ertappen wir uns vielleicht dabei, wie wir von den guten alten Zeiten träumen, also von Zeiten, in denen alles noch in Ordnung und an seinem Platz war ... Natürlich gab es diese Zeiten zu keiner Zeit – aber das spielt beim Träumen keine Rolle. Es ist erlaubt, von einer glücklichen Familie zu träumen oder von einer ganz liebevollen Beziehung oder von *dem* Job. Es ist erlaubt, von der Erfüllung zu träumen.

Nur eines muss mir dabei klar sein: Je mehr ich träume, umso mehr Wiedergeburten ziehe ich an. Vorsicht ist also angebracht! Einmal wie Brad Pitt sein oder wie Helge Schneider oder meinetwegen auch wie Krishnamurti. Einmal wirklich erfolgreich, wirklich witzig oder erleuchtet sein.

Will ich das alles wirklich nochmal durchziehen? Nochmal glauben, nochmal hoffen? Immer wieder träumen und immer wieder enttäuscht werden? Hier aufhören und da wieder neu anfangen? Will ich mich selbst wirklich immer wieder hinters Licht führen und vor dem Vorhang stehen bleiben? Das ist die Frage. So wie es aussieht, wollen die meisten von uns genau das. Darum ist es hier so eng geworden. Wir wollen uns wiederholen, immer wieder. Gute Zeiten, schlechte Zeiten – eine Daily-Soap nach der anderen, ständig das Vorabendprogramm sozusagen. Wenn es das ist, was wir wirklich wollen würden, gäbe es kein Problem. Dann wäre alles in bester Ordnung. Dann würde das „Nochmal" Spaß machen. Dann wäre alles toll! Wir würden begeistert in die Hände klatschen. Aber das tun wir nicht. Wir wollen also gar nicht nochmal und nochmal und nochmal dasselbe, sondern einmal etwas anderes. Einmal nicht wie sonst. Einmal wirklich etwas Neues. Einmal überrascht werden. Einmal leben bitte, aber dieses Mal das volle Programm. Deshalb sind wir geboren worden. Aus diesem Grund sind wir hier! Wir sind nicht später, nicht irgendwann. Wir sind jetzt. Alles ist live! Wir sind dabei!

Gibt es diesmal das Eis?

Wir fallen wieder und wieder auf dieselben Versprechungen rein und stellen uns immer wieder hinten an. Vielleicht gibt's diesmal das Eis, die Zuckerwatte. Vielleicht platzt die Erde auch nur wegen der vielen unerfüllten Wünsche bald aus allen Nähten. Unsere Wünsche und Hoffnungen machen der Erde zu schaffen. Sie machen die Erde kaputt. Noch dies und das – und das brauche ich auch noch. Ich habe Hunger! Ich fühle mich so leer. Ich sehne mich nach Glück! Gib mir, gib mir was!

Einmal leben – und zwar ganz. Volles Risiko, 100 Prozent – und fertig. Das ist es! Fertig heißt: ich bin, wo ich bin. Ich bin hier und nicht dort. Ich bin nicht nur körperlich anwesend, sondern da, wo mein Körper ist. Ich bin ansprechbar. Gegenwärtig. Meine Träume haben keine Gewalt mehrt über mich. Ich träume nicht, ich lebe wirklich. Und zwar da, wo ich bin. Ich kriege mit, was passiert. Wohin ich gehe und woher ich komme, interessiert mich nicht. Zu *diesem* Leben gibt es keine Alternative. Über einen Menschen, der so lebt, wird die Erde jubeln. Ganz bestimmt.

200 Meter unter der Oberfläche ist es klar

Lange Zeit galt es als ausgeschlossen, dass ein Mensch ohne Atemgerät tiefer als 50 Meter tauchen kann. 1976 knackte Jacques Mayol die 100 Meter. Damals eine Sensation. Am 11. April 2007 blockierte das Seil, an dem Loic Leferme hing, als er aus 171 Meter Tiefe zurück auf dem Weg nach oben war. Er wurde mit ausgebreiteten Armen im Wasser schwebend tot geborgen. Keine drei Monate später lässt sich Herbert Nitsch an einem Schlitten 214 Meter in die Tiefe ziehen – und taucht nach 4 Minuten 24 Sekunden mit geballter Faust wieder aus dem Meer auf. Er übertrifft seinen eigenen Weltrekord. Frei- bzw. Apnoe-Taucher (Apnoe, griechisch: „Nicht-Atmung") tauchen nur mit der Luft eines einzigen Atemzugs. Ein Grenzgang zwischen Leben und Tod.

Ein fiktives Gespräch mit jemandem, den es so nicht gibt ...

Sie scheinen keinen großen Respekt vor dem Leben zu haben.

Da täuschen Sie sich. Allerdings kenne ich meine Grenzen nicht. Da, wo jemand sagt „Das mache ich nicht. Davor habe ich Angst" sage ich: „Woher soll ich wissen, wie es sein wird? Ich habe es ja noch nicht ausprobiert." Für mich geht es immer um das Währenddessen und nicht um das Davor oder das Danach. Vorstellungen interessieren mich nicht. Ich bin ein Mann der Tat.

Sie stellen sich nicht vor, wie es da Unten sein wird?

Zum einen kenne ich das, was Sie „da Unten" nennen unterdessen schon ein bisschen besser; zum anderen – nein, ich stelle es mir nicht vor. Ich stelle mich darauf ein und bereite mich bestmöglich darauf vor. Wenn ich alles getan habe, was in meiner Macht steht, dann tue ich es einfach. Manche würden das vielleicht Vertrauen nennen. Das ist nicht mein Vokabular. Ich würde sagen: Wenn es soweit ist, schaue ich es mir an.

Würden Sie sich auch anschauen, wie sie sich mit ihrem Schlitten im Seil verhaken und nicht mehr hochkommen? – Was glauben Sie, wie hat sich ihr Kollege Loic Leferme gefühlt?

Das sind zwei ziemlich merkwürdige Fragen. Zunächst: Natürlich würde ich es mir anschauen. Ich würde es, weil mir nichts anderes übrig bliebe. Ich bin ja nicht der liebe Gott, der im Vornherein weiß, was dann passieren wird. Ich bin, wenn Sie so wollen, während ich am Schlitten in die Tiefe und wieder hochgezogen werde, vollkommen ausgeliefert. Aber eigentlich sind wir das alle. Nur vielleicht wissen das nicht alle.
Und dann: Ich mache mir keine Gedanken darüber, wie Loic sich gefühlt haben mag. Wozu auch? Er hat es erlebt – und sein Erlebnis mitgenommen. Das reicht. Meiner Meinung nach macht es die Menschen krank, ständig darüber nachzudenken, wie sich etwas anfühlen könnte. Ich habe jedenfalls kein Interesse daran, Vorstellungen zu akkumulieren. Akkumulierte Vorstellungen erzeugen in der Regel Angst und führen so zu völlig falschen Überzeugungen und überzogenen Verhaltensweisen. Die kann ich beim Apnoe-Tauchen am aller wenigsten brauchen.

Sie haben einmal gesagt: „Ich bin immer noch und immer wieder ganz am Anfang" Was haben Sie damit gemeint?

Das ich immer noch und immer wieder Schüler bin. – Ich bin hier. Wo sollte ich sonst sein? Das ist der Anfang. Von hier aus mache ich mich auf den Weg. Das nächste Mal vielleicht auf 250 Meter. Ich weiß nicht wo die Grenze ist. Und dann bin ich wieder da, also hier. Genau betrachtet kann ich den Anfang niemals hinter mir lassen. Was ich auch tue, wo ich auch bin, immer steht alles im Anfang. Ich will ausloten, was möglich ist. Als Anfänger habe ich den allergrößten Respekt vor der Aufgabe, die sich mir stellt.

Wozu das Ganze?

Wozu, was? – Wozu atmen Sie? Wozu arbeiten Sie? Wozu gehen Sie jeden Abend wieder ins Bett?

Vielleicht, um wieder aufzustehen, um weiter zu machen und weiter zu leben.

Dasselbe gilt für mich. Aber weiter leben – was heißt das? Für mich bedeutet es, mich nicht zu wiederholen. Wenn ich mich wiederhole, sterbe ich. Dann schaltet etwas in mir ab. Wenn etwas in mir abschaltet, bin ich nicht mehr präsent. Das wird beim „No Limits" sofort mit dem Tod belohnt.

Das ist nicht, was ich mir zum jetzigen Zeitpunkt wünsche. Allerdings habe ich nicht vor, mich dem Tod zu verweigern. Wenn er kommt, werde ich mit ihm gehen.

Das klingt so, als ob sie sich heimlich doch nach dem Tod sehnen würden ...

Ich sehne mich nicht danach. Ich weiß um ihn. Der Tod ist eine Realität. Die einzige Gewissheit, die wir alle gemeinsam haben. Das Extremtauchen hat mich gelehrt, mich vollkommen zu sammeln. Ich weiß, dass ich hier bin. Immer. Und wenn der Tod kommen sollte, um mich abzuholen, werde ich ihn willkommen heißen und bei ihm sein. Dann – und keinen Augenblick eher. Eines ist für mich ganz klar: Ich lebe – ich bin dem Leben begegnet.

Wie fühlen Sie sich, wenn Sie nach Unten rauschen?

Währenddessen – einmalig. Damit meine ich: Da gibt es nichts anderes. Ich sinke. Es wird immer dunkler. Ich bin geistig entspannt und verbrauche fast keinen Sauerstoff. Der Kletterer Jon Krakauer hat mal gesagt, dass er oberhalb von 8000 Metern den Verstand eines Reptils hat. Das trifft es sehr gut. 100 Meter unter dem Meeresspiegel hört das Denken auf. Dann bin ich einfach nur noch. Aber darüber mache ich mir keine Gedanken. Gedanken brauchen Raum, Kraft und Sauerstoff. Da Unten wird alles auf das Wesentliche reduziert.

Was ist ihrer Meinung nach wesentlich.

Über das Wesentliche wird seit Jahrtausenden philosophiert. Dabei interessiert sich das Wesentliche nicht für unsere Meinungen. Meinungen sind nicht wesentlich. Wesentlich ist, was übrig bleibt, wenn da keine Meinungen mehr sind. Wesentlich ist also das, was ist. Das, was gerade erlebt wird, ist wesentlich. Alles andere ist eingebildeter Natur und damit mehr oder weniger wahnsinnig.

Wie meinen Sie das?

So, wie ich es sage.

Dann versuche ich mal, ihre Aussage auf ein konkretes Ereignis zu übertragenen: Meinen Sie, dass das Ereignis, das zum Irakkrieg geführt hat, eingebildeter Natur ist?

Glücklicherweise bin ich kein Politiker. Mir liegt es fern, Scheingefechte auszutragen. Ich sage nur das, was mir offensichtlich ist: Der 11.9. hat nicht zum Irakkrieg geführt. Der 11.9. hat dazu gedient, den Irakkrieg zu rechtfertigen. Das ist etwas ganz anderes. Und es ist wahnsinnig. Ein anderes Beispiel macht es vielleicht noch deutlicher: Die Gesetze des Marktes dienen z.B. als Rechtfertigung dafür, Tiere unter entsetzlichen Bedingungen zu halten. Sie dienen dazu, dass wir uns selbst demütigen. Das ist vollkommen verrückt. Wir leben in einer wahnsinnigen Welt, weil wir sagen, dass wir nichts dafür können. Ständig fühlen wir uns zu irgendetwas gezwungen. Wer sein unangemessenes Verhalten mit Ereignissen aus der Vergangenheit zu rechtfertigen versucht und nicht mitbekommt, was er gerade tut, ist wahnsinnig. Wir wiederholen das Leid wieder und wieder, um davon frei zu werden. Das ist der Punkt.

Ich hatte eigentlich vor, Sie einen gelangweilten Gott zu nennen. Aber so wie es aussieht, hat sie „der Rausch der Tiefe" zu leben gelehrt.

Gelangweilter Gott? – Das gefällt mir! Rausch der Tiefe weniger. Das ist ein Plakat. Den dazu gehörigen Film schauen sich besagte Götter an. Für mich geht es ausschließlich darum, mein Leben zu leben. – Was wollten Sie mir ursprünglich vorwerfen?

Dass Sie mit ihrem Leben spielen und es in Extreme zwingen. Dass ihr Körper nicht will, was sie mit ihm tun. In 214 Metern Tiefe wird die Lunge auf ein zwanzigstel ihres normalen Volumens zusammen gequetscht, nur das in die Kapillaren einschießende Blut schützt sie vor dem Kollabieren. Auf ihrem Körper lastet das Gewicht von mehreren Tonnen. – Vielleicht genügt es ihnen doch nicht, einfach da zu sein.

Ich verstehe. Meinen Sie, dass es besser ist, sich die Füße in den Bauch zu stehen oder von morgens bis abends wie leblos vor einem Computerbildschirm zu sitzen? Neben Stress, Übergewicht und Haltungsschäden sind Depressionen und Schlafstörungen heute ein so weit verbreitetes Phänomen, dass man sie unter dem Sammelbegriff

„Zivilisationskrankheiten" zusammengefasst hat. Zivilisationskrankheiten sind gesellschaftsfähig, sie werden akzeptiert. – Ich fühle mich nicht krank. Ich leide nicht. Alles, was ich sagen kann ist: Ich habe es mir abgewöhnt, mein Leben im Voraus kennen zu wollen. Ich bin bereit. Vielleicht ist das einer der Vorteile, die jemand hat, der sehr tief abtauchen kann ...

Luft anhalten auf spirituell, heißt, frei von Gedanken zu sein

„Der Punkt, an dem sich der Atemstrom umkehrt, wo nicht mehr ein- und noch nicht wieder ausgeatmet wird – das ist es!"
„Das ist was?" frage ich ihn.
„Die Einheit! Die Stille!"
„Und was ist mit dem Rest ...?"
„Der Rest lenkt uns davon ab, zu erkennen, dass wir bodenlos und mit der Einheit identisch sind."
„Warum lässt du dich vom Rest ablenken?"
Ein Schmerz huscht über sein Gesicht. Er verzieht es kaum merklich. Aber ich habe es wahrgenommen.
„Du hast noch viel vor dir ..." sagt er mir. „Viel Arbeit. Du hast noch nicht erkannt, dass du abgelenkt bist. – Es geht darum, die Lücke zwischen den Gedanken auszudehnen. Dann wirst du erleben, dass dein wahres Wesen Stille ist." Er schaut mich erhaben an.
„Wie lange kannst du die Luft anhalten?" frage ich ihn.
„Was hat das damit zu tun? Das ist vollkommen irrelevant", wischt er meine Frage beiseite.
„Ich schaffe es 3 Minuten 50 Sekunden am Umkehrpunkt zu verharren!" lüge ich ihn an. „Dann zwingt mich der Atemreflex, mit mir und dem Leben weiter zu machen. Ohne Atemreflex wäre ich schon lange tot!"
Ich ernte ein mildes Lächeln und ein großes Schweigen.
„Ich habe keine Kontrolle über den Atemreflex! Ich habe herausgefunden, dass ich nicht in der Mitte verbleiben kann, sondern atmen muss. Deshalb habe ich es mir angewöhnt, mit gutem Gewissen zu atmen! Seitdem befinde ich mich in meiner Mitte."
„Mache weiter wie bisher, und du wirst sehen, was du davon hast", rügt er mich.
„Das ist ein sehr guter Vorschlag." – Ich habe keine Luft mehr und tauche wieder auf.

Alles taucht wieder auf

Wieder auftauchen – immer wieder taucht alles auf. Nein, nicht alles, sondern nur das, was auftaucht. Der Rest ist uns gerade nicht bewusst. Im Grunde genommen sind wir alle Apnoe-Taucher. Immer dabei, uns – oder

das, was wir für uns halten – hinter uns zu lassen. Und das, was wieder auftaucht, ist, was wir dann sind. Eigentlich sind wir immer nur das, was sich uns gerade zeigt. – Welcher Gedanke es (wieder) an die Oberfläche schafft, darüber haben wir keine Kontrolle. Nur eines ist sicher: Solange wir am Leben sind, werden in uns tagtäglich tausende von Gedanken auftauchen. Wetten?
Alles will leben. Alles will sein. Ein Gedanke der sich nicht zeigen darf, existiert nicht – zumindest nicht für uns. Das ist der Punkt: Wir entscheiden nicht darüber, was existiert, wir bekommen es nur mit. Wir haben keine Kontrolle über die Existenz! Wenn sich mir der Gedanke an ein Stück Erdbeerkuchen mit Sahne aufzwingt, obwohl (oder weil) ich gerade eine Diät mache, dann bestätige ich durch meine innere Qual die Existenz der Erdbeertorte, die nicht da sein soll. Und ebenso ist das mit dem Gedanken an die „Gedankenlücke“. – Solange ich an die Wirklichkeit der Gedanken glaube, habe ich überhaupt keine Kontrolle. „Gedankenlücke“ – was für ein Gedanke! Gedanken tauchen einfach auf!

Ich tauche in mir selber (auf) ...

Die Metapher vom Meer und der Welle ist so bekannt, wie die vom Seil und der Schlange. Das fatale an tausendmal gehörten Sinnbildern ist, dass sie uns – da sie nun einmal bekannt sind – nicht mehr überraschen können. Ein Versteckspiel, das mit dem Hinweis „Ich verstecke mich im Schrank“ beginnt, ist, noch bevor es begonnen hat, vorbei. Ebenso ergeht es einem Sinnbild, das uns seinen Sinn nicht mehr vermitteln kann, weil da jemand ist, der gelangweilt abwinkt.
Natürlich bin ich sinnbildlich gesprochen eine Welle im Meer, eine Ausformung in den unendlichen Weiten des Seins. Aber das nützt mir nichts! Es ist einfach so. Es nützt mir auch nichts, in die namenlose Weite zu expandieren, denn da bin ich schon! Das ist die *einzige* Realisation, die wert ist, Realisation genannt zu werden! Realisation meint hier – ich realisiere, dass die Idee eingreifen zu müssen oder zu können, ein hinderlicher Gedanke ist. Nicht mehr und nicht weniger. Wenn das nach Hause gekommen ist, geht es nicht mehr um spirituelle Kosmetik. Dann kann ich tiefer schauen.

Wenn etwas bei uns landet, existiert es

Existieren heißt, in den Raum treten. Die Existenz ist also „das in den Raum treten" an sich. Alles, was nicht in den Raum tritt, kann nicht erkannt werden und muss solange unbekannt bleiben, bis ein Eintreten möglich wird. Das heißt erst einmal nichts Gutes, aber auch nichts Schlechtes. Auf Gedanken bezogen heißt das: Sie können sich erst zeigen, wenn sie einen Raum finden, in dem Platz für sie ist. Deshalb kann nicht jeder Gedanke bei jedem von uns landen.

Jeder Mensch ist für bestimmte Ideen offen. Jeder Mensch ist ein Landeplatz, bzw. kein -platz, sondern eher ein Landeraum. Erst wenn ein Gedanke in einem Menschen gelandet ist, hat er die Möglichkeit, sich auf ihn und „seine Welt" auszuwirken. Deshalb ist es nicht verwunderlich, dass die Gedanken unablässig nach Räumen suchen, auf die sie einwirken können. Mit dem Eintreten beginnen sie sich auszuwirken.

Wenn wir versuchen uns vorzustellen, was noch nie ein Mensch gedacht hat, dann wird die Luft dünn. Genauer gesagt ist das unmöglich. Denn sobald ein bisher nicht gedachter Gedanke erscheint, ist er ja schon da. Ist er aber erst einmal von einem Menschen gedacht worden, dann kann sich der Gedanke sehr schnell verbreiten. Sobald ein Mensch einen Gedanken ausspricht oder einem Gedanken entsprechend handelt, tritt er in die Welt. Der Gedanke tritt in die entscheidende Phase, er verkörpert sich und wird manifest. Jetzt kann er auch von anderen gesehen, erlebt oder verstanden und für gut oder schlecht gehalten werden. Dadurch wird er zu einem mehr oder weniger einflussreichen Teil „der Realität".

Ein Gedanke kommt zum anderen

Unsere Realität ist ein fein säuberlich ausgearbeitetes Gedankengebilde. Ein Gedanke kommt zum anderen. Je mehr Gedanken zueinander kommen und zu- bzw. ineinander passen, umso mehr Sinn ergeben sie für uns. Und je sinnhafter uns Gedanken erscheinen, umso bereitwilliger lassen wir uns von ihnen beherrschen: „Terrorist!" „Klimakatastrophe!" – Wer hätte 1990 mit dem Wort „Hartz IV" etwas anfangen können? „Josef Göbels" war noch vor 100 Jahren nichts weiter als ein Name ...

Wenn etwas in den Raum getreten ist, existiert es. Dann lässt es sich nicht mehr so einfach vertreiben oder ungeschehen machen. Denn alles, einfach alles, will sein. Ausnahmslos. Nichts lassen wir unlieber gehen, als die Gedanken, an die wir uns gewöhnt haben. Es sieht so aus, als ob wir alle Traditionalisten sind. Wir marschieren mit der Fahne vorweg und hinten dran, in einer Prozession, unsere Geschichten. Wir lauschen und erzählen Geschichten, die nur noch in unserer Erinnerung existieren. Im „Weißt du noch Land" lässt es sich gut träumen, gruseln, schmunzeln und leiden.

Was wir nicht zu wissen scheinen, ist: Die Erinnerungen können sich nur retten, wenn sie sich immer wieder erzählen dürfen. Ihr Plan ist es, zu Geschichten zu werden. So erhalten sie sich aufrecht. Wir können nicht wählen, uns nicht mehr zu erinnern. Denn dafür müssten wir uns erst einmal daran erinnern, woran wir uns nicht mehr erinnern wollen. Ein unmögliches Unterfangen.

Unsere „Lieblingsgedanken" sind uns sehr dankbar, dass wir uns ihnen angeboten haben. Sie wollen es uns mit ewiger Treue zurückzahlen. „Treu bis in den Tod", schwört der Soldat „bis das der Tod euch scheidet", sagt der Priester zum Brautpaar. „Ich bin bei dir alle Tage", sagt der Lieblingsgedanke.

In einem Raum, in dem sich das Wort „Treue" breitgemacht hat, kann nichts mehr aufgehen. Darin wird die Blüte zum Zeichen des Verrats. Darin darf nur sein, was schon lange nicht mehr wirklich ist.

Wenn ich dich liebe, dann liebe ich dich nicht, weil ich treu bin und es dir geschworen habe, sondern weil ich die Blume der Liebe in dir sehen kann und sie immer wieder aufgehen darf. Und wenn sie nicht mehr aufgehen will, werde ich aus meinem Leben keine Lüge machen. Ich werde dich nicht belügen und mir von keinem Gedanken der Welt weißmachen lassen, dass ich ein treuer und fürsorglicher Ehemann bin. Ich werde dich nicht betrügen, um einem Versprechen treu zu bleiben.

– Was ist das eigentlich, ein „Ehemann"? Ein Ehemann ist nichts ohne „Ehefrau". Ehemann und Ehefrau sind zwei Gedanken. Um sie kreisen viele weitere Gedanken. Deshalb sind Beziehungen so konfliktreich und problematisch. Tausende von Gedanken ranken sich wie schwarze Rosen um unsere Beziehungen und lassen uns wie Dornröschen in einen tiefen Schlaf fallen. Wir träumen und sehen sehr oft, was nicht mehr wirklich ist.

„Silence is killing me" – warum mich die Stille umbringt ...

„Silence is killing me" ist der Name eines Songs. Ich habe die Aussage an einer Mülltonne kleben sehen und mich ein weiteres Mal darüber gefreut, wie präzise die Sprache sein kann. Genau genommen tötet die Stille alles, was ich nicht bin. Aber, was bin ich schon, wenn es still ist? – Nichts, was hervortritt. Nichts, auf das sich zeigen lässt. Da ist niemand, der an seinen

Namen glauben und die mit ihm im Zusammenhang stehenden Ereignisse dramatisieren könnte. Ich wäre tot und zum ersten Mal ganz und gar da. Vollkommen lebendig und völlig unspektakulär. Wahrscheinlich sehr schön und anmutig – aber ohne das auf mich zu beziehen.
Im Paradies zu leben und nichts davon zu wissen, ist für eine Person weder möglich noch vorstellbar. Deshalb leben wir als Personen von Haus aus in einer Welt, die reichlich Raum für Inszenierungen lässt.
Die Welt, die außerhalb des Paradieses liegt, ist für unsere Wünsche da. Das macht sie so laut und uns so geschäftig. Irgendwie sieht es immer wieder so aus, als ob wir etwas ganz Entscheidendes verpassen könnten. Das Gefühl ist: es geht um etwas.
Wenn das, worum es unserer Meinung nach geht, in die Stille fällt, breitet sich Entspannung aus. Ohne es recht zu bemerken, verschwinden wir vor unseren eigenen Augen. Dann wird der Raum, in dem wir leben, ganz von allein unendlich weit. In der Weite des Raumes sind unsere Wünsche kaum noch wahrnehmbar. Oder anders: Die Weite des Raumes ist um so vieles Süßer, als der Wunsch, sich selbst wieder ins Zentrum des Universums stellen zu wollen. Statt der Versuchung zu folgen, selbst wieder in Erscheinung zu treten und dadurch den Raum zu verengen, erinnern wir uns daran, wer wir sind. Wir vergessen, was des Vergessens bedarf. Denn natürlich: „Silence is killing me". Niemand ist da. Jetzt tritt das Leben in seiner ganzen Einmaligkeit hervor.

Atheismus, Darwinismus, Kapital und Gott

Man sagt nicht „Nichts!", man sagt dafür „Jenseits" oder „Gott".
(Friedrich Nietzsche, Philosoph, 1844-1900)

Ist es wirklich die Angst vor dem „Nichts", die uns zu Gott hin bewegt und gleichzeitig von ihm abhält? Ist Gott das Ziel, dass nur erreicht werden kann, wenn wir vorher in der Dualität gelebt und uns der Trennung ausgesetzt haben? Steht das trennende Gefühl im Widerspruch zu Gott oder ist es die entscheidende Voraussetzung dafür, sich selbst überwinden zu können? Ist die Selbstüberwindung der Schlüssel? Und welche Türe schließt sie auf? Nietzsche glaubte, das Tor zum „Nichts", zum Abgrund der Nichtexistenz. Er *glaubte* es, sicher wissen konnte er es nicht. Aber „Nichts", was soll das sein? Ganz offensichtlich nichts, worüber sich reden oder spekulieren lässt. Kennzeichnet das „Nichts" nicht, dass sich eben nichts darüber sagen lässt? Also, wozu dann überhaupt darüber sprechen? Und wie ist das mit Gott? Auch über ihn lässt sich nichts Wesentliches sagen. Und genau das ist, was die Atheisten den Kirchen vorwerfen: „ Ihr beharrt darauf, dass wir euch eure Mutmaßungen als die unverrückbare Wahrheit abnehmen sollen. Das tun wir schon lange nicht mehr. Wir sind aufgeklärt! Wenn ihr noch in der Position wäret, über uns richten zu können, so würdet ihr uns richten und damit eurem eigenen Gottesbild widersprechen. Nicht nur das Blut an euren Händen widerspricht allem, was ihr seit jeher gepredigt habt." – Da ist was dran. Die Selbstherrlichkeit der Kirchen hat entscheidend dazu beigetragen, dass sich der Atheismus durchsetzten und etablieren konnte. Aber ist Gott deshalb tot?

Die Wahrheit ist nicht offenbar

Dem ernst zu nehmenden „Gottverweigerer" ist klar, dass die Wahrheit nicht geoffenbart werden kann. Schließlich ist das, was sich uns offenbart, schon als Teil der Existenz in den Raum getreten. Deshalb geht es ihm eher darum, die Existenz auf der relativen Ebene nachzuvollziehen. Dafür muss er sie interpretieren dürfen. Dafür gibt es zwei „zulässige" Methoden:

1. Die private Variante der subjektiven Interpretation: Jeder soll glauben dürfen, was er will. Schließlich sind die Gedanken frei. Frei aber nicht wahr!
2. Die wissenschaftlich-objektive Variante: Schlussfolgerungen dürfen nur nach festgelegten Regeln angestellt werden. Alles, was nicht allgemein nachvollzogen und von unabhängiger Seite bestätigt werden kann, gilt als

rein spekulativ und ist ungültig. Jeder „Privatglaube“ wird als unzulässige Färbung zurückgewiesen.
Diejenigen, die sich immer noch im Besitz der ewigen Wahrheit glauben und weiterhin an ihr festhalten wollen, müssen ihre Augen immer fester vor der Realität verschließen. Jemand, der glaubt, dass die Offenbarung der Wahrheit abschließend stattgefunden hat, lebt in einem ewigen Gestern. Er ist geistig so gut wie tot.

Denken vs. Glauben

Das ist das vielleicht entscheidende Dilemma. Das Denken steht dem Glauben heute ziemlich unversöhnlich gegenüber. Es scheint ihm zu widersprechen. Denken vs. Glauben steht da, wie auf einer Gerichtsakte. Dabei geht es in diesem Fall gar nicht darum, wer Recht hat und was richtig ist. Worum geht es dann? Im besten Falle darum, sich selbst und die Natur des Menschen zu erkennen. Wo es Menschen gibt, da bildet man sich manches ein. Da wird gedacht und geglaubt und gehofft und geträumt. Da wird geurteilt (analysiert) und verurteilt, in den Himmel gelobt und in die Hölle verflucht. Das deutet darauf hin, dass sich der Mensch noch nicht richtig verstanden hat.
Die Fürsorge und die Liebe werden gerne mit dem Himmel assoziiert. Demütigungen, Vergewaltigungen und Kriege sind Akte, die eher der Hölle zugeschrieben werden. All das bewegt sich im menschlichen Geist. Und so spricht der Mensch immer und zu allererst von und über sich selbst.
Dabei entspricht Gott der geistigen Erhebung über den Eigensinn, und der Teufel ist das Sinnbild für das lustvolle oder lethargische Versinken darin. Das „Nichts“ schließlich ist die Leugnung, im Leben einen über das Leben hinausgehenden Sinn erkennen zu wollen oder zu können. Für den Atheisten ist das Relative absolut.

Der Darwinismus hat den Atheismus stark gemacht

Der Darwinismus hat all den moralisch-ethischen Diskussionen ein abruptes Ende bereitet und damit dem Atheismus zum endgültigen Durchbruch verholfen. Die Idee, dass sich der Stärkere durchsetzt, scheint besonders für wissenschaftlich orientierte Menschen weit ehrlicher zu sein, als jede Form der scheinheilig gepredigten Nächstenliebe. Heute leben wir das System des „survival of the fittest“ mehr oder weniger bedenkenlos und ohne dafür noch ein schlechtes Gewissen haben zu müssen. „Das Schwache muss dem

Starken weichen“ ist zum allem zugrunde liegenden Naturgesetz (v)erklärt und damit legitimiert worden.
Damit diskreditiert der Darwinismus nicht nur den Kirchengott. Gott selbst verliert durch den Darwinismus seine Existenzberechtigung und das Mitgefühl wird ins Private zurückgedrängt. Stattdessen gilt das reibungslose Funktionieren als gesellschaftlich erstrebenswert. Denn überleben tut nur das Kollektiv, das ganz vorne mit dabei ist. Deshalb darf kein Sand ins Wirtschaftsgetriebe kommen.

Neue Prediger

Ohne es wirklich bemerkt zu haben, haben wir es plötzlich mit einer neuen Kaste von Predigern zu tun: Die Wirtschaftswissenschaftler und Ökonomen predigen uns allabendlich die Mär vom grenzenlosen Wirtschaftswachstum. Wir sollen ganz fest daran glauben, dass Wirtschaftswachstum Arbeitsplätze schafft und Geld arbeiten kann! Dabei arbeitet der Mensch für den Zins und nicht das Kapital. Und so steht auf der 1 US $ Note immer noch: In god we trust (Wir vertrauen auf Gott). Gemeint ist damit allerdings: The others pay cash (Die anderen zahlen bar). Und wer kein Cash hat, ist der Schwächere und kann auf kapitalistischem Boden froh sein, wenn er überhaupt noch existieren darf.
Das kapitalistische System entspricht dem Darwinismus in Reinkultur. Daher stellt sich die Frage, ob sich der Darwinismus nicht nur deshalb durchsetzen konnte, weil er der Sichtweise der „herrschenden Klasse“ (die es ja gar nicht gibt!) entspricht. Schließlich hängt alles davon ab, *wie* wir auf die Dinge schauen.
Diesem offensichtlichen Dilemma geht Georg Bernhard Shaw mit einem, wie ich finde, sehr pragmatischen und gut nachvollziehbaren Gedanken auf den Grund, der jedem Menschen als Richtschnur dienen kann:

Der Glaube eines Menschen kann durch kein Glaubensbekenntnis, sondern nur durch die Beweggründe seiner gewöhnlichen Handlungen festgestellt werden.
(George Bernard Shaw, Dramatiker, 1856-1950)

Damit ist alles gesagt. Ich bin Darwinist? Atheist? Kapitalist? Christ? Das sind doch alles nur Worte! Das, was ich glaube, drückt sich durch die Art und Weise meiner gewöhnlichen Handlungen aus. Das ist ebenso einfach wie revolutionär! Nur so kann der Mensch seine Gedanken integrieren und zu einem authentischen Wesen werden. Ansonsten betet er einfach nur irgendwelches Zeug nach, wenn es von ihm verlangt wird. Bei näherer Betrachtung wird klar, dass ein Atheist ein wahrer Engel sein kann. Vielleicht verweigert er sich Gott nur, weil in seinem Namen schon so viel Unheil angerichtet worden ist. In jedem Fall machen viele schöne Worte aus mir noch lange keinen guten Menschen.

Glaubenssysteme lassen für das Leben keinen Platz

Die alten Glaubenssysteme bieten den Menschen, die das Leben und den Sinn des Lebens für sich selbst entdecken wollen, viel zu wenig Platz. Der Quantenphysiker Hans Peter Dürr sagt dazu*[5]: „Das Kreative ist das Neue, für das zunächst noch kein Platz vorgesehen ist. Es erscheint als Eindringling in eine eingespielte Ordnung, als Störenfried." Das macht deutlich, worum es bei allen Glaubenskonflikten geht: Die neue Sichtweise, die neue Form der Interpretation, die neue Herangehensweise bedroht das, was bisher gültig war. Und das kann durchaus auch die Wirtschaftsordnung sein! Das Gültige steht dem Neuen so gut wie immer ablehnend gegenüber. „Deshalb wird es auch wieder", so H.P. Dürr, „abgeschafft. Es stirbt. Denn es hat eine wichtige Fähigkeit, nämlich die, lernfähig zu sein, verloren."

Je traditioneller etwas ist, umso weniger Luft lässt es dem Menschen zum atmen. Allen Glaubenssystemen gemeinsam ist, dass sie ein Bild der „Wirklichkeit" idealisieren oder beschwören, das „abgelaufen" ist.

Jesus hat seine Worte nicht selbst institutionalisiert. Statt eine Kirche zu gründen, hat er seine Erkenntnisse und Einsichten Tag für Tag gelebt. Buddha hat es denen, die ihm nachfolgten, gleich ganz unmöglich gemacht, auf seinem Rücken eine Kirche zu errichten. Für die Vermittlung seiner Einsichten bemühte er schlicht und ergreifend erst gar keinen Gott. Das macht den Buddhismus heute selbst für Atheisten attraktiv. Auch Sri Aurobindo will den Atheismus als Reaktion auf das, was sich die Kirchen seit jeher an Ungeheuerlichem geleistet haben, verstanden wissen. Er sieht im Atheismus eine vorübergehende aber notwendige Katharsis: So nicht!

---

[5] „Auch die Wissenschaft spricht nur in Gleichnissen", Verlag Herder Freiburg 2004, S. 136

Atheismus ist ein notwendiger Protest gegen die Gottlosigkeit der Kirchen und die Enge ihrer Dogmen. Gott benutzt ihn als Stein um diese beschmutzten Kartenhäuser zu zerstören.
(Sri Aurobindo, Philosoph u. Mystiker, 1872-1950)

Gott kann nicht gepredigt, er will erfahren und gelebt werden! Vielleicht wehrt sich das allem zugrunde liegende Prinzip gerade durch die Atheisten gegen das allzu verquerte Denken der Ewiggestrigen. Schließlich kann Gott ebenso wenig überliefert werden, wie das Leben aufgespart werden kann. Gott ist durch unsere Rituale und Traditionen nicht zu retten. Ganz im Gegenteil – er erstarrt darin und verkommt so zu einem anbetungswürdigen Götzen.
Das Leben ist das, was zwischen uns stattfindet. Es ist keine Erinnerung an die guten, alten Zeiten. Und so kann das Göttliche nur in diesem Augenblick und immer wieder aufs Neue entdeckt werden. Ein Leben im Angesicht Gottes ist potentiell immer möglich. Ob es sich so entfaltet, hängt ganz wesentlich davon ab, wie wir dem Leben begegnen. „An ihren Früchten werdet ihr sie erkennen“, (Matthäus 7,16) und an den Gedanken, die den Taten zugrunde liegen.

Zum guten Schluss:
Als ich den Leuten in Nordirland erzählte, dass ich Atheist sei, stand eine Frau im Publikum auf und fragte: "Nun gut, aber ist es der katholische oder der protestantische Gott, an den Sie nicht glauben?"
(Quentin Crisp, Exzentriker und Autor, 1908-1999)

Von Plastiklöwen und Plastikmenschen

Ein Löwe im Zoo ist wie ein Mensch auf der Leinwand. Obwohl er echt aussieht, ist er nicht echt. Artenschützer schützen Arten, denen es lieber wäre, wenn sie niemand schützen würde. Ein Löwe ist nicht sein Fell, er ist nicht der, der er in Wirklichkeit ist, wenn er das portionierte Fleisch in einer vergitterten Urinhöhle runterschlingen muss. Er wird von Menschen, die nicht mehr wirklich sind, dazu gezwungen, einen Löwen zu spielen, den es so niemals gegeben hat. – „Papa, ich will ins Affenhaus ..." Wir gucken uns alles einfach nur noch an. Aber nicht wirklich, sondern oberflächlich. Wir glauben, in einem Haufen Fell einen Löwen zu erkennen. Das ist ein Löwe! Und da ist Knut. „Guck mal, wie niedlich!"

Ein Tier ist auch nur ein Mensch, ja, wirklich. Tiere können genau so degenerieren, Karies bekommen, fett werden, apathisch sein, passiv, dumpf. Tote auf Pfoten, immer an den Gitterstäben entlang. Von Wildheit keine Spur. „Guck mal, der Bär guckt ganz traurig." – Delfine sind schlau genug, sie können Selbstmord begehen.

Wir sind nicht, was wir dem Körper nach sind. Wir sind die geistigen Ideen, die hinter den Körpern stehen. Die Idee, die durch eine Blume zum Ausdruck gebracht wird, ist aufzugehen und zu duften. Tausend Worte können die Wirkung einer einzigen Blume nicht beschreiben. Ihr Duft ist wahrhaftig.

Durch ein „wildes" Tier wird der energetische Tanz auf der physischen Ebene zum Ausdruck gebracht. Ein Tier, das nicht mehr tanzen darf, ist wie ein Tänzer im Wachsfigurenkabinett – eine Attrappe. Es ist dazu verdammt, ein totes Leben zu fristen. Ein wildes Tier will nicht da sein, wo Menschen sind. Es frisst sie auf, wenn sie nicht aus Plastik sind.

Geh mir aus der Sonne

oder warum ich immer hinter mir stehe ...

Ständig steht jemand vor mir. Damit meine ich niemanden, der von mir verschieden wäre – keinen Privilegierten, keinen Meinungsmacher, Politiker, Wirtschaftslenker, Abteilungsleiter oder etwas in diese Richtung. Nein, es ist völlig egal, wer ich bin, völlig egal, welche Funktion ich bekleide und völlig egal, was ich glaube. Dem ärmsten Knopf und dem reichen Bonzen, dem an sich selbst Zweifelnden und dem Selbstverliebten – allen geht es gleich. Jemand steht vor ihnen. Nicht wie an der Kasse, sondern immer und überall. Weil das normal zu sein scheint und weil sie sich nicht anderes zu helfen wissen, beschäftigen sie sich unablässig mit demjenigen, der vor ihnen steht. Sie glauben felsenfest daran, dass sie das selber sind.
So gut wie jedes menschliche Wesen glaubt, dass es mit seinem „Vorsteher" identisch ist. Dass es sich dabei um eine tragische und folgenschwere Verwechslung handelt, hat nicht nur Diogenes erkannt. Der Legende nach lebte er in einem Fass. Darin werden schwerlich zwei, er selbst und sein Vorsteher, Platz gehabt haben. Als Alexander der Große vorbei kam und ihn da in seiner Tonne liegen sah, fragte er, ob er ihm etwas Gutes tun könne. Diogenes Antwort fiel knapp aus: „Geh mir aus der Sonne!" – So etwas kann nur jemand sagen, dem es an nichts fehlt. Alles war schon perfekt. Der König soll bitte nur aus der Sonne treten. Er soll den Platz freigeben.
Diogenes kann so sprechen, weil er sich selbst nicht mehr im Weg steht. Er hat keine Bild von sich selbst und auch keines von seinem Gegenüber. So von sich selbst befreit, kann ihm nicht einmal der König „höchstpersönlich" etwas zu seinem Glück dazu geben. Und er kann Diogenes auch nicht mehr beeindrucken.
Ein Mensch, der sich für Alexander den Großen hält, macht für Diogenes ebenso wenig Sinn, wie jemand, der von sich sagt, dass er ein Taugenichts und Sünder ist. Diogenes hat die uns vorgestellten Rollen durchschaut und erkannt, dass sie mit allerhand eingebildeten Leiden und Freuden einher gehen. Für ihn sind Wünsche nur der Versuch, vom Unvermeidlichen abzulenken. Er weiß, dass die vorgestellten Persönlichkeiten unseren Glauben binden und unsere ganze Kraft absorbieren. Darum sagte er einfach nur: „Geh mir aus der Sonne". Das heißt: Du kannst mir nicht geben, was ich bin!

Möglicherweise ist Alexander von der intuitiven Einsicht des Diogenes so überwältigt gewesen, dass er antwortete: „Wäre ich nicht Alexander, wollte ich Diogenes sein.“ Diogenes, also derjenige, vor und hinter dem nichts und niemand steht. Diogenes, das Original! Diogenes, der ohne Ebenbild.
Die offensichtliche Klarheit des Diogenes muss auf Alexander großen Eindruck gemacht haben. Er erkannte die Wahrheit, ohne sie für sich selbst zu realisieren. Deshalb glaubte er weiterhin, Alexander der Große zu sein. Er glaubte weiterhin, dass ihm seine Rolle von Vorteil ist. Aus diesem Grund sagte er: „Wenn ich nicht Alexander wäre ...“ Er verstand noch nicht wirklich. Er konnte sich nicht hinter sich lassen. Er konnte (noch) nicht ohne sich sein. Schließlich war er nach wie vor der König!

Wer einen Hofstaat hat, muss ihn unterhalten
Ich kann mir selbst erst aus der Sonne gehen, wenn ich mich nicht immer wieder von Dingen anziehen lasse, die mich binden. Alles, was mich anzieht, bindet mich. Das ist weder gut noch schlecht. Es ist einfach so. Und wenn ich das weiß, können mich die Dinge nicht mehr täuschen. Alles, was ich haben und erreichen will, verlangt nach meiner Aufmerksamkeit und Kraft.
Es ist einfach so: Die Dinge sind nur für einen kurzen Augenblick in der Lage, mich zu unterhalten; danach wollen sie unterhalten werden. Kleidung will gewaschen werden, Schuhe wollen geputzt werden, die größere Wohnung will eingerichtet und in Schuss gehalten werden, das neue Auto will zur Inspektion und all das will erst mal verdient werden. Nur wer die Dinge unterhalten kann, „verdient“, von ihnen unterhalten zu werden.
Aber ist es das, was ich wirklich will: Mich von den Dingen unterhalten zu lassen?! Habe ich es verdient, dafür mein Leben zu opfern?

Lebst du schon oder wünscht du noch?

Wenn alles, was nicht Hans ist, in den Brunnen fällt ...

Hans hat an seinem Lohn für sieben Jahre Arbeit – einem riesigen Klumpen Gold – schwer zu tragen. Sein "Reichtum" wird ihm auf dem Weg nach Hause zur Last und so handelt er danach. Er handelt sich einen Nachteil nach dem anderen ein und wird dabei immer glücklicher. Während des Laufens wird er sich darüber klar, dass er nichts braucht. Zu guter letzt fällt Hans auf den Wetzstein rein. Da hatte er den Klumpen Gold schon gegen ein Pferd, das Pferd gegen eine Kuh, die Kuh gegen ein Schwein und das Schwein gegen eine Gans eingetauscht. Der hinterlistige Scherenschleifer gibt ihm für seine Gans einen alten Wetzstein und legt noch einen gewöhnlichen Feldstein obendrauf. Und so schleppt der arme Hans am Ende weit mehr als am Anfang. Doch diesmal kein Gold, sondern wertlose Steine! Statt mit dem Schicksal zu hadern, geht Hans mit vergnügtem Herzen weiter. Seine Augen leuchten vor Freude: „Ich muss in einer Glückshaut geboren sein“, ruft er aus. „Alles, was ich wünsche, trifft mir ein, wie einem Sonntagskind.“
Hans hat einen großen Vorteil – er macht sich keinen Kopf. Er hat keine Ahnung und er braucht sie auch nicht! Er vertraut und handelt, ohne seine Handlungen zu reflektieren. Deshalb kommen ihm einfach keine Zweifel. – Ist Hans vernünftig? Nein, er ist glücklich! Und wer glücklich ist, lebt auf äußerst intelligente Weise ...

Jedem von uns tut ein bisschen "Hans im Glück" gut. Der innere Zweifler sieht das natürlich ganz anders. Er nennt Hans einen unvernünftigen und naiven Einfaltspinsel. Einerseits handelt Hans wie ein Kind, das sich nur an den unmittelbaren Bedürfnissen orientiert. Andererseits handelt er aus tiefer Einsicht – auch wenn er es (noch) nicht weiß! Als ihm auch noch die Steine in den Brunnen fallen, kniet er nieder und dankt Gott dafür, dass er ihn von der letzten Last befreit hat. Dann läuft er mit leichtem Herzen heim. Der Hans. Was für ein unbeschreibliches Glück!

„Soll ich euch mein Glücksgeheimnis verraten?“ – „Nein! Vielen Dank. Lebe dein Geheimnis. Mache es offensichtlich. Ich will lieber selber rauskriegen, wie mein Leben funktioniert.“ ... Wünsche sind so populär wie nie. – Depressionen auch!

Unsere Wünsche richten sich an uns selbst, an andere oder „klassisch" – ans Universum. Wenn ich ein weiter fortgeschrittener Wunschformulierer bin, wünsche ich nicht nur für mich, sondern auch für andere. Ich wünsche ihnen, dass sie ans Ziel ihrer Träume kommen. Ich gönne ihnen sogar das, was ich (noch) nicht erreicht habe. Das ist gut für mich. Habe ich gehört.
Eine Kosmetikwerbung sagt; „*So* mag ich mich!" Eine Kaufhauskette sagt: „Schön, wenn es um meine Wünsche geht." Ja, klar, das sind oberflächliche Wünsche – materielle oder kosmetische oder chirurgische ... Mir geht es nicht mehr um einen freien Parkplatz. Mir geht es darum, ganz zu werden, darum, glücklich zu sein. Aber wie kann ich glücklich werden, wenn ich nicht weiß, was mir fehlt? Denn ernsthaft, wenn ich es wüsste, würde ich alles dafür tun. Alles! Ich würde nicht davon lassen, bis ich es erreicht habe. Natürlich weiß ich, dass ich auch dann nicht glücklich wäre. Na gut. Dann will ich mich wenigstens ganz fühlen. Aber wie kann ich mich ganz fühlen, wenn ich mich ständig mit anderen vergleiche?

Die eigentliche Frage ist: Lebst du schon oder wünschst du noch? Der Hans, der hatte was, was vielen Wunschverehrern fehlt – Praxis! Vielleicht wünsche ich mir ja nur, was ich nicht *wirklich* will. Oder etwas, das ich nicht erreichen kann. Warum nicht? Weil mir z.B. das Talent fehlt. Einen ziemlich klaren Menschen habe ich mal sagen hören: Du möchtest Schauspielerin werden? Dann S-P-I-E-L-E! – Das ist, was der Hans getan hat.
Ein Spiel, in dem es nur um das Gewinnen geht, ist kein Spiel. Wer wirklich spielt, dem ist es schlussendlich egal, was dabei rauskommt. Denn es kommt nichts dabei heraus. Das ist der Punkt! Oder anders gesagt: Das, was dabei herauskommt, wird sich immer wieder verändern. Deshalb kann ich nur spielen, wenn ich mich von den „Resultaten" nicht ablenken lasse. Selbst auf die deutsche Vorstandselite wartet die Demenz! Also, warum nicht gleich loslassen, was losgelassen werden will?
Wenn da gerade viel Energie ist – dann los! Manchmal sind 100% Einsatz viel zu wenig. Manchmal lohnt es sich, A-L-L-E-S zu investieren. So, wie es der Hans getan hat. Sieben Jahre Arbeit für Nichts. Und dann weiß dieser Narr nichts Besseres zu sagen als: „So glücklich wie ich, gibt es keinen Menschen unter der Sonne." – Was für eine Ein-sicht! Diese Ein-sicht kommt mit, also aus, der Praxis.
Ich kann mein Leben lang die Ideen anderer Leute konsumieren oder zu mir selbst zurück finden und währenddessen zur einsichtigen Schnecke werden. Dabei falle ich aus dem Schema und aus dem vorgegebenen Rhythmus

heraus. Während ich einen Schritt nach dem anderen mache, entdecke ich, was gerade wichtig ist. – Das eigene Leben lässt sich nicht im Schnellkurs meistern. Darum verflüchtigen sich die meisten Heilsversprechungen schon auf dem Nachhauseweg. Es gibt kein Entkommen. Wir sind am Leben. Wir sind dazu da, die Erfahrung unseres Lebens zu machen. Niemand kann sagen, wohin das führt.

Das Universum hat die 7 Schritte zum Glücklichsein nicht im Angebot. Es gibt kein Werkzeug, das uns zum persönlichen *und* dauerhaften Glück verhelfen könnte. Ganz im Gegenteil: Das gesamte Universum arbeitet unablässig daran, uns erkennen zu lassen, dass wir uns, so wie wir uns zu kennen glauben, immer wieder hinter uns lassen müssen. Der Hans, der hat das gemacht. Oder genauer – dem ist das passiert. Der ist einfach immer weiter gegangen. Er hat sich nicht aufhalten lassen und ist schließlich wirklich zu Hause angekommen. Ganz und gar. Das konnte nicht passieren, bevor ihm die Steine in den Brunnen gefallen sind. Während er den Lohn für seine Arbeit, das Gold, leichten Herzens von sich gab, trug er bis zum Schluss eine schwere und völlig wertlose Last bei sich. Seine unerfüllten Wünsche ...

Teil III

Das Unsagbare

Die fünf Stadien des Sterbens

Die Psychiaterin Elisabeth Kübler-Ross hat die psychologischen Stadien, die Todkranke durchlaufen, in fünf Phasen unterteilt: Zunächst einmal wird der Tod geleugnet, dann kommt die Wut, schließlich will der Todkranke mit dem Tod verhandeln. Vor dem Akzeptieren des Unvermeidlichen kommt es noch zu einem letzten Aufbäumen in Form einer Depression. Dann ist es „gut". Ein Mensch, der die fünf Phasen durchlaufen hat, ist bereit zu sterben. Was für den Tod gilt, hat auch in bezug auf unsere Ideen über uns selbst seine Gültigkeit. Wenn wir den Kampf ausgefochten und uns dem Leben ergeben haben, fühlen wir uns unendlich erleichtert.

Wir wollen es uns beweisen

Zunächst ist es für die Person völlig abwegig, auch nur für möglich zu halten, dass sie ihr „eigenes Lebens" nicht selbst autorisiert und steuert. Schließlich erfährt jeder von uns sein Leben erst einmal als ein einziges „Ich": Ich will, ich mache, ich denke, ich hoffe, ich glaube. Die unwissende Person ist felsenfest davon überzeugt, dass sie für ihre Meinungen und für das Gelingen ihres Lebens selbst verantwortlich ist. Es sei denn, ihr gelingt das Leben nicht. Dann kann sie Gründe anführen oder anderen die Schuld, zumindest aber eine Mitverantwortung, geben.

Der eigenbildete Autor denkt in etwa so: Wenn ich machen könnte, was ich will, dann wäre ich überaus glücklich. – Das ist die Wurzelillusion. Sie ist mit der Gewissheit eines Fünfzehnjährigen vergleichbar, der sich für unsterblich hält.

Alles, was uns am Glück unseres Lebens zu hindern scheint, ist das, was wir Kausalität nennen. Die Kausalität bindet uns an Bedingungen. Wir leben in einem Ursache-Wirkungs-Feld und wissen, dass wir nicht alle Ursachen kontrollieren können. Vieles von dem, was sich auf uns auswirkt, ist uns nicht einmal bewusst. Wenn wir genauer hinschauen, wird klar, dass wir die Ursachen, die zu uns geführt haben, überhaupt nicht beeinflussen konnten. Wir waren ja noch nicht da! Aber jetzt, jetzt sind wir es. Und weil wir jetzt da sind, wollen wir unser Leben in die eigenen Hände nehmen. Wir wollen das Leben nach unseren Vorstellungen formen. Wir wollen es anders leben, besser. Dafür sind wir bereit, um und für unser Leben zu kämpfen. Wir wollen träumen und es uns und „den anderen" beweisen. Wir haben mit unserem Leben etwas ganz eigenes im Sinn.

Etwas fehlt

Selbst wenn uns das Leben dem äußeren Anschein nach gelingt – da ist ein Loch. Etwas fehlt. Etwas *muss* fehlen! Wenn wir dem Schmerz nicht mehr ausweichen können, sind wir bereit zu verhandeln. Wir wollen etwas dafür tun, dass es uns besser geht. Wir wollen uns Zeit nehmen, besser hinhören und uns und anderen etwas Gutes tun. Aber eigentlich wollen wir immer noch, dass alles beim Alten bleibt. Und vor allen Dingen wollen wir die Alten bleiben! Wir wollen weiterhin über unser Leben bestimmen. Wir wünschen uns einfach, dass es besser funktioniert.

Der Versuch, auf alte Weise zum Neuen zu kommen, ist von vornherein zum Scheitern verurteilt. Selbst die besten Tricks können uns dauerhaft nicht weiterhelfen. Sie verzögern nur unsere tiefergehende Bereitschaft. Das Eingeständnis, dass ich gescheitert bin, ist nicht schön aber heilsam! Dabei bin ich gar nicht gescheitert. Nur das Bild, das ich mir von mir selbst gemacht habe, kann nicht mehr aufrecht erhalten werden. Irgendwann sehe ich ein, dass ich zu keiner Zeit der Autor meines Lebens gewesen bin. Das ist *die* Ein-sicht.

Plötzlich kann ich sehen, dass ich von Anfang an frei war, das Leben so zu (er)leben, wie es ist. Die Freiheit kann sich mir allerdings erst dann zeigen, wenn mir bewusst geworden ist, dass ich jeden Augenblick neu anfangen kann. Neu anfangen zu können heißt nicht, frei von den Kausalitäten des Lebens zu sein. Niemand ist das. Ständig ist das, was schon vorbei ist, dabei, sich auf uns auszuwirken.

Was bleibt, ist Freiheit

Wirkliche Freiheit entsteht, wenn ich erkenne, dass mich die Kausalität nicht zwingen kann, mich von ihr binden zu lassen. Statt mir weiterhin durch jede meiner Handlungen beweisen zu wollen, dass ich der Autor meines Lebens und damit unabhängig vom Leben bin, lasse ich das Leben jetzt zu. Ich höre auf, gegen die kausalen Zusammenhänge anzukämpfen. Das befreit mich von mir selbst. So an das Leben hingegeben, bleibt nichts als Freiheit zurück. Dann ist es gut, so wie es ist. In der Kapitulation werden all meine Einbildungen zurückgewiesen. Jetzt kann ich gehen. Was bleibt, ist Freiheit.

Der Gott, der sich nicht erkennt, ist nicht Gott!

Das Prinzip, das der Manifestation zugrunde liegt, ist in den Raum getreten, um sich selbst zu erkennen. Das, was Gott ist, kann niemand für sich in Anspruch nehmen. Es kann von einem Einzelnen oder von einer Gruppe nicht repräsentiert werden. Vielmehr ist Gott das Allverbindende. Er tut das nicht. Er ist es.
Gott ist kein Christ und kein Moslem, er ist kein Mann und keine Frau, er ist weder schwarz noch weiß. Er ist niemand, der als jemand in den Raum tritt und für sich die Macht und das Recht und das Gewissen proklamiert. Gott ist die Verbindung zu allem. Er ist, was weder an sich selbst noch an andere denkt!

Menschgedachte Götter

Es ist populär geworden, sich Gott ohnmächtig zu denken. Ohnmächtig und kraftlos. Es ist populär geworden, in Gott das Prinzip zu vermuten, das jenseits von Gut und Böse steht. Ein solcher Gott setzt die Kräfte in Bewegung und überlässt sie dann sich selbst. Er ist reine Physik und Chemie. Er ist blind, verhält sich aber trotzdem gesetzmäßig und ist nicht moralisch. Ein solcher Gott ist mir sehr viel sympathischer als ein parteiischer Gott. Der unparteiische Gott ist vollkommen unpersönlich. Er kennt uns nicht – keinen von uns, und er hat auch nicht die Möglichkeit uns kennen zu lernen. Ihm fehlt das entsprechende Organ, seine Anwesenheit im oder durch den Menschen zu realisieren.
Den parteiischen Gott bevorzugen all jene, die glauben, dass sie in der richtigen Partei sind. Die richtige Partei kann ein Land sein, eine Region, eine Tradition, eine politische Partei und natürlich jede Glaubensgemeinschaft oder Kirche. Jeder menschgedachte Gott ist letztendlich sinnlos. Jeder menschgedachte Gott neigt in letzter Konsequenz dazu, furchtbar und rachsüchtig zu sein. Menschgedachte Götter dienen den Menschen einzig dazu, sich das eigene Richtigsein zu bestätigen: Das ist Gottes Wille! – Jede Gottdefinition dient nur der eigenen Erhöhung und der Legitimation selbstsüchtiger Interessen.

Die Realisation braucht das tiefe Schweigen

Das göttliche Prinzip geht weit über jeden Gedanken hinaus. Deshalb braucht die Realisation Gottes das tiefe Schweigen. Oder anders gesagt: Gott kann weder legitimiert noch beweisen werden – und genau das macht ihn aus! „Gott“ ist der „Grund“, warum wir hier sind. Der Grund kann sich jedem Einzelnen von uns nur von Innen heraus erschließen. Wer das für sich selbst erfährt, wird Gott auf zutiefst „persönliche“ Weise erfahren. Persönlich deshalb, weil sich das allumfassende Prinzip nur in mir selbst erkennen kann. Hier gibt es kein Bitten und kein Betteln. Hier hört Gott auf, einem gewünschten oder erhofften Bild zu entsprechen. Hier wird er zu jemandem, der durch das Leben zu sich selbst kommen will. Hier berührt das unpersönliche Prinzip seine persönlichen Aspekte. Das ist es, was Advaita meint: Nicht-Zwei. Nicht-Zwei heißt eben nicht: entweder Gott oder die Person. Nicht-Zwei ist frei von solchen Widersprüchen. Und wo die Person frei von solchen Widersprüchen ist, geht sie über sich selbst hinaus.

Gott wartet auf sich selbst

Wo Liebe erfahren wird, wo sie sich ausdrücken darf, da hat Gott sich erkannt. Nur durch die Liebe kann sich Gott beweisen, dass er ist. Anderenfalls tappt er im Dunkeln – dann ist er verdunkelt und sich seiner selbst vollkommen unbewusst. Ein Gott, der nicht ins Bewusstsein vordringt, ist ein Gott mit dem niemand etwas anfangen kann. Für einen solchen Gott besteht schlicht und ergreifend kein Bedarf.

Anders gesagt: Die Abwesenheit kann sich selbst nicht genießen. Sie weiß nichts davon, dass sie abwesend ist. Es bedarf der Anwesenheit, um die Gegenwart zu realisieren. Wo die Gegenwart realisiert wird, muss Gott nicht mehr auf sich selber warten. Da ist er.

Ein Leben, in dem sich Gott dem Menschen nicht entdeckt, geht vollkommen an sich selbst vorbei. Ein uninspiriertes Leben fühlt sich deshalb so stumpf an, weil es einfach nur einen bedürftigen Körper repräsentiert. Ohne Inspiration werde ich vor mir selbst zu einem Bettler oder zu einem Räuber. Zu jemandem, der, da er sich mit dem Körper verwechselt, ausschließlich die körpereigenen Interessen verfolgt. Das Kreisen um mich selbst schneidet mich ab. Es isoliert mich und lässt mich zu der Überzeugung kommen, dass ich für mich und meine Bedürfnisse kämpfen muss. Dabei besteht mein einziges wirkliches Bedürfnis darin, die Liebe zu realisieren.

Liebe und Hass sind persönliche Interessen

Gott ist das „Zwischen-uns“. Er ist das, was „zwischen mir“ stattfinden. Aber er ist nicht das, was wir ineinander sehen. Eine Liebe, die zu Hass werden kann, ist nicht göttlich. Eine Liebe, die zu Hass werden kann, ist eine

Bewegung in jemandem, der von einem anderen etwas will. Solche Bewegungen sind weder richtig noch falsch. Solange sie stattfinden, finden sie statt. Nur haben sie nichts mit Gott, sondern mit meinen eigensüchtigen Sichtweisen und Interessen zu tun. Das ist in Ordnung. Ich darf eigensüchtig sein. Nicht in (der) Ordnung ist es, wenn ich Gott meine persönlichen Sichtweisen unterstelle und für sie in den „heiligen" Krieg ziehe. In den Krieg zu ziehen, ist schon schlimm genug ...

Gott kann nicht gewusst oder auswendig gelernt werden. Ganz im Gegenteil. Sobald ich Gott zu wissen glaube und das, was er „will", auswendig daher beten kann, lästere ich alles, was Gott ist. Dabei kann ich Gott nicht lästern, weil es Gott nicht gibt! Zumindest in keiner gedachten Form. Gott ist das Prinzip, das sich selbst erkennen will. Das, was sich selbst erkennt, ist vollkommen anwesend und wach. Es ist ganz da und phantasiert nicht. Es nimmt teil – und staunt über sich selbst.

Das, was staunt und teilnimmt, kann nicht mehr gierig sein. Es ist nicht mehr auf den eigenen Vorteil bedacht. Es wird selbst zum alles verbindenden Dazwischen und hört damit auf, an sich in einer bestimmten Form zu denken. Die Heimatlosigkeit ist vorbei.

Das Wiedererkennen

Die Frage ist immer nur: Erkenne ich mich wieder? Spätestens jetzt wird klar: Gott ist eine Realisation und keine „feste Größe". Er ist das Prinzip, das sich im Anderen wiedererkennt. Dauernd und immer wieder.

Meister Eckhart und das Unsagbare

Ich habe neulich darüber nachgedacht, ob ich wohl von Gott etwas annehmen oder begehren wollte: Ich will mir das gar sehr überlegen, weil ich da, wo ich von Gott empfangen würde, unter ihm oder unterhalb seiner wäre wie ein Diener oder Knecht, er selbst aber im Geben wie ein Herr wäre – und so soll es mit uns nicht stehen im ewigen Leben. Gott ist weder gut noch vollkommen; wenn ich Gott gut nenne, so sage ich etwas ebenso Verkehrtes, als wenn ich das Weiße schwarz nennen würde.
(Meister Eckhart, christlicher Mystiker, 1260-1328)

Der Mystiker Meister Eckhart vereint, was vielen Gottsuchenden ein Widerspruch zu sein scheint: Wahre Demut und einen kristallklaren Verstand. Sobald er den Mund aufmacht, eröffnet sich dem aufmerksamen Zuhörer ein Reich, das weit über alles(!) hinaus geht. Deshalb lässt sich Meister Eckhart nur mit ganzer Anteilnahme oder gar nicht zuhören. Ihm zuzuhören, heißt, sich selbst zuzuhören. Es heißt, tiefer als jemals zuvor in sich selbst hinein zu lauschen. Dann wird das „eigene" Leben so erfahren, als ob es das ewige Leben wäre. Von da aus spricht Meister Eckhart. Er sieht sich nicht mehr in der Rolle von jemandem, der private Anliegen hat und auch nicht mehr in der Rolle des Vermittlers „Meister Eckhart". Und doch vermitteln seine Worte einen unbeschreiblichen Duft – den des Unsagbaren. Das ist paradox.
Das, was er zu seinen Lebzeiten mitzuteilen hatte, überstieg nicht nur die spirituellen Möglichkeiten vieler seiner leibhaftigen Zuhörer, es ging auch der Kirche viel zu weit. In ihren Augen brachte sich Meister Eckhart durch seine Worte in eine Position, die allein Gott zusteht. Und so ist es nicht weiter verwunderlich, dass im Jahr 1326 ein Inquisitionsprozess gegen Meister Eckhart eröffnet wurde. In der päpstlichen Bulle *„In agro dominico"* von Papst Johanns XXII. wurden am 27. März 1329 28 Aussagen von Meister Eckhart verdammt. Da war er schon gestorben.

Kommt nicht alles von Gott?
Wie kann sich ein irdisches Wesen wagen, darüber nachzudenken, ob es von Gott(!) etwas annehmen würde? Was für ein anmaßender Gedanke! – Kommt nicht alles von Gott? Ist nicht alles sein Werk?

Meister Eckhart hat sich ganz sicher nicht eingebildet, unabhängig von der Existenz zu existieren. Ihm war zweifellos klar, dass er als verkörpertes Wesen von der Urkraft abhängig ist. Schließlich hat er sich als Geschöpf weder selbst verursacht, noch hervorgebracht. Und auch aufrechterhalten lässt sich das verkörperte Wesen nur, wenn es belebt und genährt wird. Von woher kommen dann diese ungeheuerlichen Worte?

Ich erbitte, weil ich mich getrennt fühle

Um etwas von Gott erbitten oder annehmen zu können, muss ich mich von der Einheit des „Großen Ganzen" abgetrennt fühlen. Und das ist nicht, was Meister Eckhart erlebt. Deshalb begehrt er nichts von einem Gott, der außerhalb von ihm steht – nicht einmal das ewige Leben.

Meister Eckhart schaut aus einer allumfassenden Perspektive. Deshalb denkt er sich Gott in keine bestimmte Position. Nicht einmal in die des allmächtigen Herrschers. In seinen Augen hat Gott eines mit ihm gemeinsam: Das ewige Leben. Auch Gott ist vom ewigen Leben nicht zu trennen. Genauer noch: Gott *ist* das ewige Leben. Gott und das ewige Leben sind eins. Im ewigen Leben werden keine Unterscheidungen mehr getroffen. Hier herrscht die Ein-sicht vor und in der Ein-sicht kann sich ein von mir getrennter Gott nicht mehr halten. Hier ist das Seiende so nach innen gewandt, dass niemand mehr da ist, der demütig sein könnte oder dankbar oder stolz. Es ergibt keinen Sinn mehr, sich für die Demut oder den Stolz von sich selbst zu trennen. Statt jemanden anzubeten, wird das Leben zur Anbetung.

An diesem Punkt ist jedes Dienstverhältnis aufgehoben. Hier gibt es keinen Diener mehr und keinen Herrn. Es gibt nur noch den unterschiedslosen Dienst. Das ist wahre Demut. Hier wird zwischen dem Geben und Nehmen kein Unterschied mehr gesehen. Hier kann mich das Geben nicht mehr erhöhen und das Nehmen nicht mehr erniedrigen. Hier verliert derjenige, der gibt, die Position des Guten und Gerechten und derjenige, der empfängt, wird nicht mehr als schwach und bedürftig angesehen. Hier findet das Geben im Nehmen zu sich und das Nehmen im Geben. Hier gehören sie nicht nur zusammen, hier heben sie sich gegenseitig auf. Und auf eben diese Weise heben sich Gott, der Schöpfer, und ich, das Geschöpf, gegenseitig auf. Was bleibt, ist wirklich heilig. Es bleibt das Leben.

Im relativen Bewusstsein wird unterschieden, was zusammen gehört

Bevor sich mir das ewige Leben erschließen kann, muss ich erst einmal davon in Kenntnis gesetzt werden, dass ich bin. Diese Aufgabe fällt dem relativen Bewusstseins zu. Indem es mir alles fremd macht und alles von mir scheidet, stellt es mir mich selbst vor. Ich lerne mich durch Grenzen kennen, also dadurch, dass mir bewusst wird, wer ich nicht bin. Das hat auf seiner Ebene eine Bedeutung.

Um auf der relativen Ebene funktionieren zu können, muss das Bewusstsein unablässig nach trennenden und gemeinsamen Kriterien suchen. Dabei zerfällt das zusammenhängende Gefüge in mehr oder weniger große Einzelteile. Und erst wenn das, was zusammen gehört, getrennt voneinander gesehen werden kann, kommt das Urteilsvermögen ins Spiel: Das ist gut, das ist schlecht. Das will ich, das will ich nicht. Das ist richtig, das ist falsch. An diesem Punkt ist mir schon lange klar, dass ich nackt bin. Die Vertreibung aus dem Paradies liegt hinter mir. Anders gesagt: Das relative Bewusstsein hing einst als Apfel am Baum der Erkenntnis. Und dieser Apfel war es durchaus wert, gepflückt zu werden.

Das Böse, das Schlechte und das Unangenehme hängen vom relativen Bewusstsein ab. Sie sind sein unmittelbares Resultat. Dasselbe gilt für alles, was uns selbstlos, gut und angenehm zu sein scheint.

Indem wir das Gute vom Schlechten schieden, wurden die Konturen erst deutlich und damit sichtbar gemacht.

Das Gute und das Schlechte sind nur in der Zeit zwei. Und die Zeit ist ebenfalls ein Resultat des relativen Bewusstseins. Die Zeit gibt uns die Möglichkeit einzusehen, was noch nicht eingesehen worden ist.

Das relative Bewusstsein hat uns mit der Tatsache vertraut gemacht, dass es uns gibt (... und sie schämten sich ...). Wir wissen, dass wir sind. Und doch interpretiert das relative Bewusstsein die Tatsache unseres Seins in einem viel zu engen Rahmen. Deshalb glauben wir kollektiv an die Trennung. Der damit verbundene Schmerz wirkt sich gerade auf uns aus. Deshalb suchen wir unablässig nach einer Lösung. Wir suchen nach uns selbst, nach dem Ursprung, nach der Einheit, nach Gott. Die Zeit dafür ist reif!

Der Mensch ist dazu da, das relative Bewusstsein zu überwinden. In dem Augenblick, in dem wir realisieren, dass wir nicht an die Zeit gefesselt sind, kommen wir zu uns zurück, hierher. Hier ist nichts als Ewigkeit. Hier bin ich ohne mich ...

Allerletzte Worte ...

Wir wollten alles und wir haben es bekommen, nicht wahr?
(Marlene Dietrich, 1901-1992)

HERMANN HESSES ERLEUCHTUNG

€ 12,90 / ISBN 978-3-8334-4574-3

„Wer geboren werden will,
muss eine Welt zerstören ..."

Dieses H. Hesse Zitat bildet den Ausgangspunkt eines Buches, das einem Erdbeben gleichkommt.

Das Ego ist nur eine vorübergehende aber notwendige „Funktionsstörung". Durch sie bereitet GOTT sich darauf vor, sich selbst zu empfangen. Da ist nichts, was nicht göttlich ist. Wer das realisiert, realisiert die Liebe und ist heil. Er schließt mit sich und der Welt Frieden. Das geschieht ganz von allein ...

METAmorphose

€ 14,90 / ISBN 978-3-8370-0844-9

Am Anfang war das Wort, ein einziges Wort.
Es hat die Existenz in die Erscheinung gesprochen: „Ja."
„Ja" bedeutet so viel wie: „So ist es und so soll es sein."
Nur der von allen Zweifeln befreite Geist ist bereit,
dieses Wort auszusprechen.

Die wahre Freiheit kann nicht von einem eingebildeten Autor ausgehen. Er kann dich nur solange regieren, wie du an eine von Gründen und Bedingungen abhängige Freiheit glaubst und nicht bereit bist, den nächsten und finalen Schritt geschehen zu lassen ...

Das lebendige Mysterium

Das Bewusstsein auf der Suche nach sich selbst

€ 13,90 / ISBN 978-3-8334-1037-6

Die grenzenlose Freiheit wartet da, wo du dir eingestehst, dass du mit all deinen Konzepten gescheitert bist. Nichts hat geholfen!
Wenn du erkennst, dass dein Kampf eine wirklich neue und ungeahnte Zukunft verhindert, wirst du nicht mehr bereit sein, den Schlüssel für ein erfülltes Leben in der Vergangenheit zu suchen. Langsam verstummen alle um sich selbst kreisenden Gedanken. Sie hören auf, dir im Weg zu stehen. Das ändert alles ...